Benoit Parfait Bidjo

# Problèmes de Possessions, Problèmes de délivrance, deuxième partie

**Benoit Parfait Bidjo**

# Problèmes de Possessions, Problèmes de délivrance, deuxième partie

## L'équipement selon Christ est le moyen le plus efficace pour le développement d' une église locale

**Éditions Croix du Salut**

**Imprint**


Cover image: www.ingimage.com

Publisher:
Éditions Croix du Salut
is a trademark of
International Book Market Service Ltd., member of OmniScriptum Publishing Group
17 Meldrum Street, Beau Bassin 71504, Mauritius

Printed at: see last page
**ISBN: 978-613-7-36993-7**

## TABLE DE MATIERES

Mot clé....4
La fausse assurance due en la compagnie des serviteurs de Dieu....5
Les cérémonies funéraires à l'Africaine....6
Le courage rassurant peut préserver de beaucoup de choses....7
La bonté sans protection divine....8
La recherche de la célébrité....9
J'aime reprendre ce témoignage parce qu'il me concerne directement, et j'ai laissé Dieu seul agir sans que j'aie pris d'initiative....11
Les flèches spirituelles Sataniques....13
La connaissance du bien et du mal : la Vie....14
Faites-les assoir et donnez-leur du pain et du poisson ; puis allez partout dans le monde et faites de toutes les nations mes disciples....17
Précautions dans le travail....17
Tableau de Comparaison entre la Manifestation des Esprits Etrangers et le Saint Esprit....18
- Esprit d'adoption # à l'esprit d'esclavage....18
- Esprit de force # esprit de timidité....19
- L'Esprit de Dieu # de l'esprit du monde....19
- L'Esprit de révélation # esprit de divination....20
  - Comportement des deux esprits....21
- L'Esprit de vérité # esprit de mensonge....21

Comprendre et résoudre certains problèmes spirituels....22
- Les principes de la loi de Dieu....22
  - Transgression de la loi de Dieu....22
  - Le péché contre soi-même....23
  - Le péché contre autrui....23
  - Manifestation des problèmes spirituelles....24
    - Dans l'esprit....24
    - Réception des paroles et suggestions....24
    - Dans l'âme....24
    - Dans le physique....24
    - Cheminement vers la délivrance....25
    - Les étapes....25

Les dons du Saint Esprit dans le processus de délivrance....25
- Spécificités....25

Valeur et buts....26
Réception des dons du Saint Esprit....26
Autres sources de délivrance....27
La dîme....27
L'offrande simple....27
L'action de....27
Offrande d'alliance....27
Formations personnelles des serviteurs de Dieu....27
Formation intellectuelle du serviteur de Dieu....27
Formation spirituelle du serviteur de Dieu....29
La formation initiale....29
La formation continue....30
La trilogie Paulienne....30
L'onction (le manteau)....30
L'expérience (les livres)....31
La parole de Dieu....31
La puissance de Dieu dans l'œuvre (le ministère)....32
La volonté parfaite de Dieu....32
Incarnation de Dieu en Christ....32
La distance spirituelle....32
Le respect de l'itinéraire....33
La gestion efficace de l'onction....33
La valorisation de la révélation....33
La connexion avec Dieu....33
L'Etat du berger....34
Le cœur du berger....34
Plus qu'un père....35
Le renoncement....35
Le "moi" dans le renoncement....35
Comment se manifeste-t-il ?....36
De quelle manière et par quel (s) vice (s) ?....
Renoncer aux autres....37
Le renoncement à la socialisation....37
Le brisement....39
Alors, que choisir ? que faire désormais ?....39
Quelques prières....41
Se débarrasser de " l'homme fort encore appelé esprit gardien"....41

La violence (devenir le feu)............................................................44
Prières (destruction de l'esprit gardien ou de l'homme fort).....................45
Pour un serviteur qui prie pour l'assemblée qu'il a en charge et désire un peuple de qualité..............................................................................................47
Prières de choix..................................................................................48
L'adoration........................................................................................52
Qui peut adorer Dieu et être agrée par Dieu ?..................52
Que se passe-t-il pendant l'adoration ?..................................................53
Le corps et le sang de Jésus..................................................................53
Qu'est ce qui s'est réellement passé ?....................................................53
D'où provenait cette force où puissance ?..............................................54
Témoignage.......................................................................................55
Que cherchons-nous dans ce combat que Jésus mène chaque jour pour nous ?.56
La Modélisation..................................................................................56

## LES PROBLEMES DE POSSESSION

## LES PROBLEMES DE DELIVRANCE

### Deuxième partie

: les problèmes de délivrance

### Mot clé : connaître Jésus et avoir le salut

Nous donnerons certaines solutions aux problèmes de délivrance et comment grandir devant la face de Dieu en présence du Saint Esprit.

La loi du respect envers les cheveux blancs n'a jamais changé ; Dieu insiste dessus et le maintien. Les jeunes doivent se rabaisser devant les cheveux blancs. Le rabais dont Dieu parle ici est le respect, la tempérance dans le comportement lorsqu'un jeune adresse la parole à une personne âgée.
Je suis le chef de famille de la descendance des petits-fils de mon grand-père paternelle ; cette position m'autorise de tout faire ; mais par souci de bonne conscience et de respect envers mes oncles et tantes, je me dois de mesurer et de bien peser mes mots avant de les sortir de ma bouche lorsque je converse avec eux. Quand bien que je sache ce que chacun fait de bien ou de mal, je me dois de parler avec respect devant tous ces gens.
Voici l'histoire d'une famille qui s'est tout permise de faire et de parler de manière hautaine à un vieillard.
A la suite d'un comportement de mépris envers une personne âgée, une famille s'est retrouvée dans un cycle fermé de malédictions. Lorsque les enfants de cette famille parlaient à cette personne, ils n'auraient jamais cru que les faits de leur comportement serait l'objet de sanctions de la part de la victime. La victime (le vieil homme), après s'être fait humilier par une famille, a tenu à la sanctionner. Il s'est rendu au marché, il a acheté les graines de maïs et un coq. Après avoir fait et dit des incantations puis consacrer les graines de maïs et le coq aux divinités occultes, il finit par définir les graines comme représentant les membres de la famille en question, et que le coq était lui-même. A chaque fois que le coq se mettait à picorer les graines, la stabilité de la famille concernée se dégradait. La dégradation se faisait ressentir à tous les niveaux de la famille. Les enfants de cette famille jadis très intelligents sont devenus des cancres et des délinquants. La santé financière a foutu le camp. Les parents (le père et la mère des enfants) ne connaissaient plus la paix ; les maladies ont remplacé l'état de bonne santé de la

famille. La famille de ce monsieur a commencé à vivre des moments d'extrême difficulté. Dans une situation pareille, la malédiction a force sur l'individu. Dans le livre d'Apocalypse, il y a ce que l'on appelle *la mer de l'oubli.* Lorsqu'un individu commet un acte qui n'honore pas Dieu, il oublie directement qu'il a offensé Dieu par son comportement déviant. Le péché qu'il a commis s'en va rester dans cette mer de l'oubli ; et la personne continue sa vie comme si rien de ce péché ne s'est produit. Si la personne ne fait pas une repentance sincère et profonde de son péché, ses péchés vont et s'entassent au fond de cette mer. Lorsque le débordement est atteint, ou que Satan va et réclame la vie ou l'âme de cette personne auprès de Dieu, comme Dieu est juste et bon, si Satan a raison, alors il laisse libre cour à Satan pour frapper la personne. Pour d'autres personnes, cela va du tic au tac. Un Agent de Satan bien averti sur la vie de pécheresse d'un individu qui est sous ce coup va le frapper sans remord ni regret. Je voudrais également dire qu'en esprit il n'y a pas d'erreur, il y a le péché et la justification. Le péché est condamné par la loi, tandis que la justification est le salut en Jésus. Une personne en Jésus née de nouveau ne s'aurait insulter ou mal parler d'une personne aux cheveux blancs. Cette connaissance est une grande délivrance pour qui la pratique. Chasser un démon de la vie d'un individu n'est pas la finalité de la délivrance, mais faire connaître à cette personne que la vérité sur la vie en Christ est la meilleure et la bonne délivrance. Cette famille qui est donc tombée sous le coup de la malédiction, par une bonne délivrance, elle pourra remonter la pente et se re-stabilisée dans une vie pleine de bonheur et de prospérité.

### La fausse assurance due en la compagnie des serviteurs de Dieu

Un jour, je me suis rendu à la cafète qui se situait à la sortie du lieu de travail, la sœur de la femme qui faisait frire les beignets s'est mise à parler avec assurance en voulant convaincre l'assistance qu'elle connaissait les serviteurs de Dieu parce qu'elle marchait constamment en leur compagnie. Prenant la parole, je lui ai dit : mon ami, soit avec les serviteurs du matin au soir, dort même avec eux dans un même lit, cela ne te procurera aucun salut si tu ne fais pas ce qu'ils te diront pour ton salut. Prie également pour tes sœurs, si tu n'es pas onctionnés par le Saint Esprit, tes prières vont monter, mais le retour risque d'être improbable. Deux mois plus tard, sa grande sœur qui faisait frire les beignets décéda de suite d'accident de circulation.

**Les cérémonies funéraires à l'Africaine**

Très jeune, j'ai refusé de faire certaines pratiques qu'impose la culture en Afrique, où il faut entretenir l'assistance pour le deuil. Je ne sais comment ça se passe en occident. Je reconnais que l'homme occidental a déjà abandonné plusieurs pratiques couteuses des cérémonies funéraires. Lorsqu'il y a deuil dans la famille, ce n'est pas tout le monde qui vient consoler les membres de la famille endeuillée qui arrive avec un esprit de bon cœur. Certains viennent souvent avec un esprit très sadique. Pour de telles personnes, au lieu de consoler, elles viennent plutôt perpétrer le mal. Voici un fait qui s'est produit pendant un deuil dans mon pays.

Une famille, ayant perdue un de leur proche, le monde s'est rassemblé pour faire tout le nécessaire qu'il faut afin d'enterrer le mort. Pendant que l'assistance y était, deux personnes bien âgées, avancées en âge furent servies une fois, une deuxième fois, puis une troisième fois. A les voir manger, c'était comme s'ils passaient la nourriture qu'ils mangeaient à d'autres personnes. En science, l'on sait que les personnes de cet âge ne mangent pas assez à cause de leur taux d'émulsion intestinale qui est devenu faible. Tellement qu'ils en redemandaient sans cesse, la dame qui servait leur a dit bien gentiment et avec tout le respect qui leur est dû que la nourriture est finie. Très fâchés, les deux vieillards ont insisté. Malgré cela, toujours bien gentille, elle a répondu : "s'il vous plait la nourriture est finie". Les deux vieils hommes se sont levés et sont partis. La femme qui était mère d'enfants, dès lors n'arrivait plus à enfanter. A chaque fois qu'elle était enceinte, la grossesse n'arrivait plus jamais à terme. Après plusieurs investigations, elle a fini par reconnaître ce qui s'était passé le jour du deuil avec les deux vieils hommes. Soumise à la délivrance, les esprits démoniaques que ces deux vieils hommes ont mis en elle, qui étaient là pour extirper les enfants de ses entrailles ont tout dévoilé avant de partir de sa vie. La femme qui a été victime des œuvres de l'occultisme, à priori, l'on dirait qu'elle est innocente selon le raisonnement de l'homme animal. Mais pour l'homme spirituel, deux alternatives sont possibles :

- Soit : elle et les vieils hommes se connaissent dans le monde occulte, et ce qui s'est passé pendant le deuil n'était qu'un règlement de comptes pour des problèmes qu'ils ont eu dans le monde occulte. Il est à noter que tout ce qui se passe dans le monde occulte prend chair en plein jour ; par conséquent, cette femme serveuse avait déjà été victime en esprit et que les faits du jour du deuil n'ont été que l'aboutissement d'un processus spirituel dans la chair. Ce qui veut dire qu'elle n'est pas une victime innocente.

- Dans le monde spirituel divin qui découle du Christ ressuscité, il n'y a pas d'innocent, ni d'ignorant, ni de neutre. Chacun doit appartenir à un camp. Dans ce raisonnement, l'ignorance de la femme est un péché. Car, si elle avait déjà cru en Christ, cela ne lui serait jamais arrivée. De plus, si elle avait déjà cru en Christ et que sa repentance était déjà faite, elle ne serait plus membre d'une société occulte secrète, consciente ou inconsciente ; par conséquent, elle ne s'aurait être victime des pratiques occultes. Et si elle se déclare neutre, alors elle devient une proie potentielle de Satan. Ce qui veut dire que Satan peut la frapper à tout moment.

J'ai lu plusieurs écrits des différents courants religieux qui sont pratiqués de par le monde ; hormis le Christianisme, aucun autre courant religieux ne se défini comme ayant un sauveur ou un avocat. C'est pourquoi, tout ceux qui ont pour la torah et les principes des prophètes comme feuille de route pour leur salut, sont obligés et forcés de se battre par les moyens de leur propre conscience et de l'endurance de la chair. Gloire soit à Dieu, cette femme a pu contacter les serviteurs de Dieu pour sa libération et sa délivrance.

**Le courage rassurant peut préserver de beaucoup de choses**

Lorsque je fais la connaissance avec la femme qui est devenue la mère de nos enfants, elle avait déjà perdu deux enfants de manière injustifiée. Dès qu'elle fut enceinte de moi, elle nous accoucha un beau et gros garçon. Ma belle-mère vint et voulu recommencer les mêmes pratiques qu'elle a faite sur le premier ; je m'y opposai. Finalement, celui avec lequel je l'ai trouvé décéda, je ramenai son corps dans le village de ma femme. A mon arrivée, les parents du village voulurent que nous fassions passer le corps la nuit pour l'enterrer le lendemain. Je m'y opposais. Comme de coutume, ils voulaient que je leur donne à manger et à boire à cause de l'assistance qu'ils devaient me faire preuve de solidarité pour le deuil. Les anciens du village vinrent à leur tour, je suis resté campé sur ma position. Finalement, moi-même j'ai pris la pioche et la pelle et ai demandé l'endroit où je devais enterrer l'enfant. Surpris de ma réaction, l'un d'entre mes beaux-frères est venu vite arracher la pelle et la pioche que j'avais et s'est mis à creuser la tombe. Dès que les cérémonies d'enterrement ont pris fin, je leur ai acheté seulement cinq litres d'*Africa gin* et je suis retourné en ville. Quelque temps après, ma belle-mère est venue me revoir pour que je puisse également faire baptiser mon second enfant qui est en fait l'aîné d'aujourd'hui. Je lui ai dit que cela ne s'aurait être faisable ; car c'est après le baptême de l'autre que tous les problèmes ont commencé. Dans ce fait que je relate concernant les décisions de courage, il faut avant tout s'assurer de la protection divine, surtout celle du Seigneur Jésus qui est la seule protection divine qui jusqu'à ce jour demeure incorruptible. Cette protection, je jouissais déjà d'elle ; car lorsque cet enfant est décédé, j'étais déjà dans l'église du Christ ressuscité selon les déclarations de Pierre dans le livre des Actes des Apôtres chapitre 2.

**La bonté sans protection divine**

Lorsque j'arrive dans la vie que Jésus propose dans son église, je m'intéresse au discours de Jean le baptiste et la rencontre avec les pharisiens. Dans le discours de Jean-Baptiste, il demande aux pharisiens de laisser mourir leur égoïsme pour revêtir la justice de Dieu. Avec Nicodème, Jésus lui donne l'unique condition de protection : *la nouvelle naissance* ; plus loin dans le livre des Actes des Apôtres, Pierre recommande le baptême au nom de Jésus puis de recevoir le don du Saint Esprit. Le don du Saint Esprit que l'être humain qui veut faire les œuvres de charité consiste à recevoir le Saint Esprit en tant que protecteur contre les adversités du monde. Dans la tradition des hommes, celui qui pratique le mal au milieu de ses semblables est celui qui le plus souvent une longue vie sur la terre. Par contre, ceux qui s'efforcent à faire du bien par eux-mêmes ou par bonne conscience ne mettent pas long sur la terre. Satan n'aime pas ces gens, car son rôle est d'éliminer tous ceux qui veulent apporter de l'amour au monde. N'étant donc pas protégé, ils sont vulnérables et des proies potentielles pour Satan. Par contre, si l'on est bien ancré en Jésus par une bonne repentance et une nouvelle naissance qui ne souffre d'aucune tache, on peut bien pratiquer les œuvres philanthropiques aussi longtemps que possible que le Seigneur Jésus le permettrait. Ce sont ceux qui jouissent de cette protection divine sainte, puis sont morts avec Jésus par le baptême par immersion qui parviennent à leur fin.

Dans mon pays, il y a un homme d'affaire très prospère qui a entrepris de rendre la vie paisible dans son village. Il vint et creusa des puits et mis en place des forages de sources d'eaux potables. Il amena aussi des bulldozers pour refaire les pistes du village et fit tirer le courant électrique. En somme la vie a changé dans son village. En retour, les occultistes de son village se sont levés contre ces bonnes œuvres. Comment le sait-on ? Comme il fallait si attendre, dans une réunion occulte, il y a toujours une personne qui sympathise avec la victime. Il y eut donc une personne qui vint lui dire son péché : "*fils tu as bien fait de nous apporter tout ce modernisme, mais ton péché est que tu l'as fait sans avoir une quelconque protection. Je te conseille de chercher la protection qui vient non chez les charlatans mais celle qui vient de Dieu. Tu vas être rétabli. Et pour continuer dans ton œuvre, attache-toi à Jésus*".

**La recherche de la célébrité**

Voici l'histoire d'une femme qui a vendu sa vie à cause de l'argent. Bien riche et prospère de son état, jamais l'on ne posait la question de savoir comment cette dame est devenue si riche. Elle habitait seule dans une grande maison construite en duplexe. Comme il fallait s'y attendre, le jour de la lumière est entré dans sa vie.

Voyageant vers la sortie de la ville de Yaoundé, elle s'est fait prendre dans les embouteillages et cala lui a pris un temps sérieux pour son rendez-vous. Une fois sortie de la ville, son mari totem le harcelait déjà pour lui servir comme d'habitude. De voyant acculé, elle gara sa voiture en bordure de route, mais pas là où elle avait l'habitude de le faire.

Très pressée, son mari totem la harcelait déjà à cause du retard qu'elle accusait sur l'heure du rendez-vous, elle fut obligée de garer à un endroit non habituel. Sortie de manière précipité de la voiture, elle entra dans le buisson le plus proche, se déshabilla puis s'allongea par terre. Elle se mit à appeler son esprit mari totem. Subitement, nous fumes surpris par un grand vent inhabituel qui se mis à souffler. Très curieux, les populations accoururent. Le spectacle était désolant. Incapable de se rhabiller, elle fut obligée de continuer sa besogne jusqu'à la terminer. Que découvrons-nous ? un gros serpent faisant l'amour à cette dame. Vraiment, elle embrassait ce serpent à la manière d'une femme qui embrasse son homme comme dans une partie d'intimité entre deux amoureux. Entre-temps, le serpent couchait avec elle par la partie basse de son corps, crachait également la bave dans la bouche de la femme qui avalait le liquide avec aisance.

Le serpent, ce fut le top de la possession.

Comme toujours, Satan ne tolère point d'erreur. L'erreur que la dame a commise est "le retard sur l'heure du rendez-vous".

La quête de vouloir chercher plus gros que le ventre, ma nièce est tombée dans les griffes d'un occultiste de haut rang de mon pays. Transportée dans la voiture de ce monsieur, ils se sont rendus dans son domicile. Elle se disait que cette fois-ci c'est le gros lot qu'elle va décrocher. Arrivé chez le monsieur, ils entrèrent dans

le sous-sol de la maison et gara la voiture. Descendus de la voiture, ils entrèrent dans la maison. La maison en elle-même avait un autre sous-sol en dessous duquel la voiture a été garée. Il dirigea ma nièce dans l'une des chambres de ce sous-sol. Puis s'éloigna d'une distance. Lorsque la main de Dieu est sur quelqu'un, il finit toujours par le délivrer. Au moment où le monsieur s'éloignait, elle profita d'entre-ouvrir la porte et surpris le monsieur qui téléphonait aux membres de sa secte en leur informant qu'il a déjà attrapé le gibier. Pendant que les membres étaient en route pour venir, ma nièce demanda les toilettes pour se mettre à l'aise, le monsieur refusa. Il verrouilla la porte et voulu procéder aux préliminaires de la tuerie : coucher avec elle par l'anus afin de la rendre faible. Ma nièce s'est mise à crier : *Seigneur Jésus sauve-moi, Seigneur Jésus sauve-moi, Seigneur Jésus sauve-moi…* prit de panique, le monsieur ouvrit vite la porte et donna l'argent de transport à ma nièce. En l'accompagnant au portail, il lui confia "*qu'il n'aime pas les proies malades et que ce nom qu'elle a prononcé n'est pas bon, elle a gâté leur soirée*". Ma nièce me dit encore que le gardien qui veillait sur la maison a d'abord pris fuite dès qu'elle a commencé à invoquer le nom de Jésus.
**Le nom de Jésus**. Le seul nom qui a été donné par les cieux pour que le monde soit sauvé. Le seul nom qui fait trembler les occultistes. Grâce à ce nom, elle fut sauvée. Le monsieur en question était une très grande personnalité de mon pays. Un économiste de renom. Quelques mois après, il est parti aux Etats unis pour les problèmes de santé. Il est rentré au pays dans une caisse et fut accompagné dans sa dernière demeure. Dès qu'elle a fini de me relater ce témoignage, je lui ai dit que ce monsieur n'a plus que trois mois à vivre. Et c'est qui fut. En retour, j'ai dit à ma nièce de s'attacher sérieusement à Jésus pour le restant de sa vie.

J'habitais dans un quartier lorsque celui-ci était encore considéré comme banlieue de la capitale. Un monsieur vint construire une grande maison sous forme de duplexe et la clôtura. Le monsieur n'habitait pas dans cette maison qu'il a lui-même construite. Il y venait par moment. Tellement de questions se posaient sur ladite maison. La clôture bien haute, il est difficile de savoir ce qui se passe dans cette maison. Mais un jour vint où le secret a fini par être connu grâce au vigile qui gardait la maison. Dans mon pays, il existe plusieurs maisons ce genre, bien construites, mais aucun habitant. Ces maisons servent généralement de lieu de rencontres occultes et de sacrifices humains.
Il nous dit qu'il a été scandalisé par ce qu'il a vu son patron faire. Comme il avait l'habitude de faire la ronde deux à trois fois par nuit pour une bonne surveillance des lieux, il fut témoin d'une cène dont il ne s'imaginait jamais pouvant venir de

son patron. Dans une heure tardive de la nuit, en faisant le tour comme d'habitude, il avait surpris son patron en tenu d'Adam assis dans la cour de derrière de sa maison en mangeant des souris et des oiseaux pourris tout en murmurant. "*J'ai même failli l'enfourcher avec ma lance*", nous a-t-il dit. Malgré les supplications de son patron, il a décidé de démissionner ; et c'est ce qu'il fit. La décision de démissionner l'a sauvé. Dans les cas où les gens qui sont supposés ne jamais connaître les secrets des occultistes les connaissent, ils deviennent des cibles potentielles. S'il vous arrive de vivre une cène pareille, ou une des connaissances vienne à vivre une découverte pareille, s'il vit à côté de l'occultiste, demandez-lui de partir et de ne jamais revenir malgré les supplications.

**J'aime reprendre ce témoignage parce qu'il me concerne directement, et j'ai laissé Dieu seul agir sans que j'aie pris d'initiative**

Voici l'histoire d'un de mes frères qui a vendu son âme à Satan et dont il a payé de sa propre vie. Lorsque mes parents revinrent du Gabon en *mil neuf cent soixante-dix-huit*, je fus inscrit en classe de cinquième. Mon frère cousin fut inscrit dans un collège des sciences techniques industrielles. J'étais dans l'enseignement général tandis qu'il était dans l'enseignement technique industrielle ; spécialité mécanique automobile. Son père lui-même était un mécanicien de renom dans l'armée. Tellement que sa maman voulait que ce soit son fils qui puisse dominer, elle entreprit d'initier son fils qui est mon cousin dans la vie des société secrètes. Très vite, il commença à recevoir des lettres par voie occulte. La chose fut connue de tous dans la famille. Après les lettres, ce fut les liasses d'argent qui lui parvenait par les mêmes voies. Chaque fois qu'il recevait de l'argent, la famille était au courant et il remettait cet argent à sa maman. Après ce fut les temps de troubles. On a commencé à l'appeler à se rendre au cimetière qui se trouvait à une cinquantaine de mètres de la maison. Quand cela arrivait, il traversait la route et courrait très vite vers le cimetière. La seule chance qui le souriait était que, lorsque l'appel lui était faite, il y avait toujours une personne influente qui se trouvait à ses côtés pour l'empêcher d'atteindre le cimetière. Malgré cela, il parvenait quand-même à traverser la route pour se retrouver du côté du cimetière. Ce qui veut dire que, les esprits parvenaient à lui transmettre les messages. A voir son style de vie, nous avons conclu dans la famille qu'il a réussi. Un jour, son papa a apporté le moteur d'une voiture Mercedes Benz. Ce moteur avait une chambre du vilebrequin qui était endommagée et il fallait la réparer. Son papa en tant que grand mécanicien des corps des armées n'a pu le faire. Laissant le moteur à la charge de son fil, nous ne savons comment ce dernier réussit à une adaptation des coussinets de la Renault 16 sur le moteur la Mercedes Benz. De retour du travail, il trouva que son fils a réussi là où il a échoué. La nouvelle rendit fier toute la famille. Mais, son fils étant resté avec nous, déclara : "*je vous avais dit que je serai un très grand mécanicien plus que mon papa ne l'est, et mes gens m'ont aidé*". Ce frère ne roulait jamais dans d'autres marques de voiture que celles de fabrication Allemande (Volkswagen, Audi, Mercedes), dans le cas où l'une de ces marques n'était pas à sa disposition, il préférait aller à pieds. Un jour, pendant que nous prenions le bain dans une même salle de bain, comme tous les jeunes hommes, nous nous mîmes à comparer nos sexes (la grosseur et le longueur) ; comme il fallait s'y attendre, le sien était devenu plus long et plus gros. Il nous déclara qu'il a du travail à faire avec son sexe ; ses gens, comme il les appelait ont du travail avec lui. Nous ne comprîmes vraiment pas le message. Il a fallu que le Saint Esprit me vienne en aide quarante-deux ans après pour comprendre ce qu'il voulait dire. Dans nos aventures de jeunes hommes à la conquête des jeunes filles, j'avais remarqué qu'il n'allait jamais avec une femme plus d'une fois. Celle qu'il avait essayé de prendre comme concubine et voulait épouser est décédé sans être malade. Celle qui était la sœur de mon épouse subissait le même sort. Dans le souci de faire de lui une personne responsable de ses actes, j'ai voulu le ramener dans la voie de prendre une femme pour épouse, il m'a dit qu'il n'est pas là pour ça. Il ne peut se marier. "*Je fais l'amour avec une femme et je passe sans plus revenir*". Tellement qu'il avait de l'argent, son style de vie ne souffrait de rien. Comme les jeunes filles se précipitent toujours vers des personnes pareilles, elles étaient autour de lui comme des abeilles autour du miel. Il ne passait de mois sans qu'il nous annonce le décès d'une de ses conquêtes. En fait, chaque femme qui acceptait ses avances était déjà une victime. Ce frère a passé sa vie durant à envoûter les femmes au travers de son sexe. Comme il fallait s'y attendre, l'heure de vérité a sonné dans la vie qu'il menait. On lui a demandé ce qui était difficile ou incapable de fournir ; c'est-à-dire une personne sainte. Regardant dans toute la famille, on lui imposa ma personne. C'est par cette demande que j'ai compris que son heure de partir du monde corporel normale des vivants est arrivée. Ceux qui s'y attellent à des modes de vie pareille connaissent toujours l'année, le mois, la semaine, le jour et l'heure de leur départ de la vie normale corporelle des humains. Satan ne donne rien pour rien ; quand il donne de la main gauche, il reprend avec la main droite. Subitement, son petit frère a lié une amitié qui m'avait beaucoup surprise. Il est allé jusqu'à laisser ses enfants venir passer du temps chez moi. Deux de ses enfants étaient des jumeaux : garçon et fille. La fille qui était plus développée corporellement que le garçon a commencé par vouloir me faire comprendre qu'elle avait des visions. Dans ses visions, elle ne présageait que du mal pour ma maison. Un jour, ce frère vint m'annoncer que sa fille est capable de sentir l'odeur de mort à quelque endroit où elle se trouverait. "*C'est bien*" ! Ai-je répondu à son papa ; mais, ces choses sont bonnes lorsque la personne qui manifeste ce don est en Jésus ; et si vraiment ce don en est un. Dans sa volonté pertinente, il insistait, finalement, je l'ai laissé et sa fille y comprise d'aller jusqu'à la fin de leur entreprise. En fin, la mort qu'elle prophétisait, quand elle est arrivée, ce fut dans la famille de son papa qu'elle s'est produite. Et c'est lorsque son oncle qui fut mon petit frère direct en âge et dans la succession familiale des responsabilités est décédé, par le comportement que faisait montre son papa après les cérémonies de deuil que j'ai compris qu'ils étaient là non pour les liens d'amitiés familiaux, mais pour pouvoir remplacer leur oncle et frère par moi. Lorsque ce frère décéda et fut enterré, son petit frère et ses enfants ont cessé de venir chez moi. La conclusion de ce récit est que l'argent et la célébrité que le monde occulte a donné à ce frère n'a pas été pour rien. Le souffle de vie qui lui a été retiré n'a été qu'un transfert des lieux. Il a été transféré dans un lieu de l'univers où il travaille pour rembourser tout ce qui lui a été donné par le monde occulte ; et ce n'est qu'après cela que son âme pourra connaître un repos. Il peut même arriver que Satan décide de ne jamais lui donner du repos jusqu'à la venue du Seigneur Jésus pour le jugement final. Une fois qu'une personne comme telle décède, aucune messe, ni prière, ni incantation ne peut changer son sort. Tout ce que les hommes et les femmes spirituelles peuvent faire comme invocations n'est que du cinéma et l'escroquerie d'argent ou de conscience.

**Les flèches spirituelles Sataniques**

Les flèches sataniques spirituelles se présentent comme étant des maladies qu'on injecte sur un individu et qui ont pour but de le troubler sans pour autant le tuer. La souffrance qu'elles provoquent est telle que la personne éprouve de sérieuses peines. Les maladies issues des flèches spirituelles sataniques sont celles qui se développent et se manifestent en des temps précis au cours de l'année. Les flèches sataniques spirituelles sont également des antennes occultes qui permettent de localiser la victime dans tous ses mouvements. Pour les extraire de la vie de la victime, le serviteur doit être bien oint de l'onction du Saint Esprit. Car, les gestes que l'on fait lors de leurs expulsions sont de tels sortes que s'ils sont mal exécutés, ces flèches peuvent se retourner contre la personne qui pratique la délivrance. J'ai été témoin d'un fait qui s'est produit dans une église locale de la place. Dans cette église, le dirigeant est un prophète, et sa suite l'est également. Ceux qui suivent tendent également vers la qualification de prophète. Ce qui est bien pour le corps du Christ. Cependant, il y a une limitation que j'ai constaté dans cet attribut de prophète. Les délivrances ne vont pas aussi vite que les personnes arrivent dans le temple. De plus, Jésus a beaucoup exercé son ministère sur les guérisons et très peu sur les prophéties. La sœur qui souffrait fut délivrée de la flèche spirituelle occulte au niveau du coup ; alors que la servante de Dieu, prophétesse aspirante de son état spirituel recevait en retour la flèche en elle. Puis, elle le déclara.

Le retour des choses enlevées du peuple vers le serviteur sont des faits qu'il ne faut pas négliger. Le retour se fait plus virulent que lors du sort primaire. J'ai souvent mis des mois pour me débarrasser d'une flèche spirituelle occulte que j'ai reçu au cours d'une délivrance. Ce sont des maladies spirituelles très récalcitrantes ; il faut s'y mettre à fond pour s'en débarrasser définitivement. Tant qu'on ne s'en débarrasse pas d'une flèche spirituelle occulte, elle se présentera comme une antenne de localisation et de renseignement occulte dans la vie de la victime.

Une autre chose qui se passe aussi souvent chez les serviteurs pendant les délivrances. Il peut également arriver que non par envoûtement, mais par la volonté de Jésus le serviteur se mette à ressentir les mêmes douleurs que vit le malade. Ce phénomène est dû au fait que Dieu veut amener le serviteur à plus de sérieux dans le travail à faire sur le malade ou encore à faire connaître au serviteur le degré de mal que vit le malade. Tous ces faits, lorsqu'ils se produisent, ont un enseignement à donner au serviteur : la connaissance sur le mal, comment se comporter face aux cas similaires.

Ceci veut dire que la délivrance n'est pas une affaire des enfants spirituels ; mais elle est pour des hommes et des femmes matures dans le ministère d'aide.

## La connaissance du bien et du mal : la Vie

Dans le livre de Genèse, lorsque Dieu donne l'interdit à l'homme de ne pas manger le fruit interdit, qui est en fait l'arbre de la connaissance du bien et du mal, il voulait que l'homme et la femme demeurent sous son contrôle en les guidant toujours vers de verts pâturages selon sa volonté. En ce temps l'homme et la femme ne connaissaient ce qu'on appelle la vie. Une fois que le péché fut consommé, ils se sont vus obligés de chercher la vie. Cette vie consistait à chercher la connaissance du bien et du mal. Au cours de leur quête, l'homme et la femme se sont plus attelés vers le mal. L'esprit de connexion à la gloire de Dieu leur a été retiré. Le monde ayant horreur du vide, l'esprit luciférien a vite pris place dans la vie de l'être humain. Pour connaître le bien, l'homme commence toujours par le mal. La preuve est que la désobéissance qui a poussé l'homme et la femme à consommer le fruit qui leur a fait connaître le bien et le mal a plus contribué à les amener vers des actes de désobéissance. Lorsque Dieu revient à la charge un peu plus loin, il dit qu'il a vu que l'esprit de l'homme est tourné vers le mal, c'est pour cela que son esprit ne restera pas à toujours sur l'homme. Le plus robuste d'entre les hommes ferra 90 ans. L'homme et la femme savent que nos ancêtres ont vécu pendant des centaines d'années bien solides dans leur corporel. La vie que cherchent l'homme et la femme est de pouvoir reconquérir cette capacité. De notre temps, lorsque quelqu'un atteint 120 ans, il est déjà dénaturé dans son enveloppe corporelle : c'est la conséquence du péché. Pour se tourner vers le bien, l'homme a donc besoin de passer par le mal (la peine, la souffrance), vivre ce mal et mesurer ses conséquences. C'est en vivant les conséquences du mal que l'homme et la femme se résolvent de se tourner résolument vers le bien qui procure la Vie dans leur vie : Jésus.

En principe, Dieu laisse souvent ses créatures humaines de se tourner vers le mal pour recevoir des leçons et des enseignements. Lorsque l'on regarde la manière et la hargne que Paul servait la cause de Dieu en Jésus, ses caractères montrent quel est le prix qu'il devait payer pour rattraper le temps qu'il a perdu au service du mal. Paul en se tournant vers la Vie qui donne la Vie à la vie des hommes et des femmes connaissait déjà les limites qu'il ne fallait plus jamais franchir afin de ne plus tomber dans le mal. La Vie qui donne la Vie à la vie des hommes et des femmes était déjà en lui et il n'était plus question pour lui de laisser cette Vie. En fait, Paul est devenu comme cet aigle qui s'est retrouvé sur le corps de celui qui donne la Vie, en a saisi par ses griffes et ne veut plus lâcher son morceau de viande qu'il s'en est servi.

De nos jours, avec le phénomène de la mondialisation, les hommes et les femmes vont volontairement sacrifier leur âme à Satan. Malgré les conditions difficiles qui leur sont imposées, ils n'acceptent jamais de faire demi-tour et se tourner résolument vers leur créateur. Chacun d'entre-eux préfère vivre heureux et mourir jeune ; ou encore préfère sacrifier les membres de leur famille ou leurs propres enfants. A chaque échéance de livrer une vie, c'est un membre de la famille ou un enfant qui décède. Ce phénomène se fera ainsi jusqu'au jour où le départ de la personne livreur deviendra non négociable. Des personnes pareilles ne se repentent jamais. Leur vie entière est consacrée à Satan. Lorsqu'on les regarde avec des yeux spirituels, on remarque que leur âme est solidement liée à Satan. La vie luciférienne est celle qui est maître dans des âmes pareilles. Ce sont des personnes pareilles que le psalmiste déclare : *le voleur et le menteur sont maudits au sortir du ventre de leur mère.*

Lorsque nous nous basons uniquement sur des personnes qui ont évolué dans le mal, et qu'il faille qu'elles reçoivent la vie, la difficulté ou la facilité à la leur transmettre la Vie dépend plus de la personne qui a connu le mal et l'a pratiqué dans sa vie. Les problèmes de Vie ne dépendent pas seulement des serviteurs, mais en grande partie de ceux qui ont d'abord mené la vie luciférienne. Dans la déclaration et confession du monsieur qui voulait retrouver son influence financière, s'il avait été véridique envers lui-même, les agents de Satan ne devraient plus être après lui une fois la confession faite. De deux, il n'a pas confessé tout ce qu'il a déposé sur ses enfants comme richesse occulte. Satan recevant sa paye par le sang, tous ses enfants étaient déjà des potentiels sacrifices dédiés à Satan. Il le savait, mais il ne voulait pas dire comment cela s'était passé. Dans des cas pareils, le serviteur prendra patience jusqu'au jour où la personne se décidera de tout dévoiler.

Dans le processus de la délivrance, lorsque Jésus déclare que : *là où deux sont réunis en mon nom, je suis au milieu* ; ceci ne veut pas dire qu'il s'introduit à l'immédiat. Pour que cela soit faisable, le serviteur et le malade d'un commun accord doivent créer un nouveau champ qui doit être régi par une relation de circonstance par rapport au mal dont souffre l'âme de Dieu ; et là, le serviteur doit laisser le Saint Esprit faire son travail. Puisque c'est une question de Vie pour le malade, celui-ci ne devrait donc pas s'attendre à une séance de questions-réponses de la part du serviteur. Il doit être libre de se libérer et de recevoir la Vie ou de demeurer dans la condamnation. Pendant que le malade parle, le serviteur recueille chaque partie des déclarations du malade. Ce sont ces renseignements qui vont constituer les paroles d'appui pour la délivrance du malade. Le serviteur doit le faire comprendre au malade.

Pour ces gens qui ont d'abord mené une vie luciférienne, la meilleure façon d'assurer une délivrance efficace est de leur faire passer par l'auto délivrance. Cette auto délivrance est faite par le serviteur qui prononce des paroles puissantes en fonction des informations qu'il a reçues du malade selon sa confession contre le mal et contre le monde des ténèbres ; en vue de voir si la personne est vraiment animée d'une volonté repentante. Si le malade se donne de toute son âme, la

libération et la délivrance sont immédiats.
Cependant, la libération et la délivrance ne sont pas une fin pour le malade. Beaucoup vont venir et repartir, mais peu vont rester. C'est ce peu qu'on appelle le corps du Christ : *le petit royaume puissant.*
Une fois qu'on a déjà ce peuple peu nombreux en sa présence, c'est là que commence le travail qui consiste à les faire assoir et en faire des disciples du Christ. Un disciple du Christ est une personne qui a suivi une délivrance de la part de Christ, et qui emprunte le chemin de l'affranchissement pour son salut ; sachant et reconnaissant que c'est Jésus qui a accompli cette œuvre dans sa vie. Il demeure attaché à Jésus jusqu'à la fin des temps.

**Faites-les assoir et donnez-leur du pain et du poisson ; puis allez partout dans le monde et faites de toutes les nations mes disciples**

Une fois que le peuple est assis, le serviteur est amené à les nourrir. C'est en nourrissant le peuple que le serviteur peut être capable d'apporter et de faire assoir la vie de Jésus dans la vie de son peuple. Tant que l'âme de Dieu qui est en Christ n'a pas encore eu à faire et à vivre l'expérience du Saint Esprit sans lui, il est difficile que cette âme jouisse des effets de la nouvelle naissance.

**Précautions dans le travail**

Trois pas sont conseillés à tout leader ou conducteur qui souhaite faire du bon travail spirituel en Christ.

1- Se poser la question directive
2- Prendre la mise en garde biblique
3- Garder les yeux sur son tableau de bord

**1er Pas** : tout leader ou conducteur devra se poser la question suivante : ***quelles sortes d'esprits habitent et animent les personnes dont j'ai la charge ?***

**2ème Pas** : lire et commenter le verset clé de 1Jean 4.
Les esprits du monde sont faux, seule la vérité vient de Dieu. Le faux vient du monde. L'on doit savoir d'où il vient. Le verset clé
***"N'ajoute pas foi à tout esprit"***

**3ème Pas** : le tableau de bord est un ensemble d'éléments qui récapitulent ce qu'il faut savoir sur la manifestation de l'Esprit de Dieu. A partir de cet instrument, il devient facile de repérer ce qui est de Dieu par Christ et de ce qui ne l'est pas. Elaborer un tableau de bord relatif aux manifestations de l'Esprit de Dieu devient donc fondamental.

Pour aider à y comprendre et à voir clair, il serait toujours bien de commencer par des messages de repentance profonde à la manière de Jean Baptiste. Le fait d'invoquer seul le Saint Esprit ne suffirai pas. Tout devrait commencer par des enseignements de repentances profondes et permettre au Saint Esprit de faire un travail de profondeur dans la vie et surtout dans la conscience du peuple assis dans l'église du Christ. Avec des enseignements bien assaisonnés du Saint Esprit, même en plein enseignement les résidus de saleté dans la vie du peuple vont se manifester.

Je vais essayer de dresser des schémas alternatifs des repérages d'esprits étrangers à l'esprit de Dieu dans la vie d'un membre de l'église du Christ.

## Tableau de Comparaison entre la Manifestation des Esprits Etrangers et le Saint Esprit

### 1- Esprit d'adoption # à l'esprit d'esclavage *Romains 8 : 15*

Il y a toujours des chrétiens qui sont dans l'église du Christ et ont la peine à exprimer l'assurance et la fierté d'appartenance à Dieu. L'esprit d'adoption fait des croyants en Christ qui sont des fils de Dieu et que surtout l'Esprit de Dieu se manifeste en eux.

Pour reconnaître que l'on est enfant de Dieu par la foi en Christ, voici une Question test.

Poser la question directement à votre voisin " ***Reconnaissez-vous que vous êtes enfant de Dieu par la foi en Jésus Christ ?*** " Observez ses lèvres, ses yeux, ses gestes ; avant qu'il ne réponde. Puis immédiatement (Reposez clairement la même question ou modifiez-là en changeant de sémantique, puis déviez le regard). Il répondra : *je suis chrétien, je vais à l'église, je me communie chaque dimanche ou fréquemment quand l'occasion se présente...*

**2- Esprit de force # esprit de timidité** ***2timothée1 : 17***

Beaucoup de personnes dans le corps du Christ ont de la peine à se sentir fier de l'être. Or, selon la bible, les croyants de Dieu en Christ, ne doivent pas avoir un sentiment de gêne pour déclarer leur appartenance à Christ. Le remplissage du Saint Esprit et l'assurance du remplissage du Saint Esprit doivent être un fait du vécu quotidien des croyants. Les serviteurs doivent donc aussi insister sur les cérémonies du baptême du Saint Esprit et de son feu.

Question test.

Etes-vous gênés de partager votre foi quand l'occasion se présente ? Directement, la personne répondra par un "Non" pressé et bien appuyé. Il se mettra ensuite à raconter les occasions où il l'a fait. Si vous insistez à chaque rencontre sur les questions concernant la foi, il finira par vous esquiver.

Ce n'est pas l'Esprit qui rend quelqu'un timide. Mais c'est parce que les hommes et les femmes ne veulent pas laisser l'Esprit de Dieu prendre la place qu'il faut en soi. Pierre a longtemps été en compagnie de Jésus présenté comme une conscience flottante. Pendant la pentecôte, l'on ne pouvait plus le reconnaître. Il avait, pendant le jeûne dans la maison haute laissé l'Esprit de Dieu prendre la place qu'il fallait dans sa vie. L'esprit de timidité a foutu le camp et l'Esprit de force a pris la place qu'il fallait en lui. Il pouvait maintenant proclamer haut et fort le Seigneur Jésus.

**3- L'Esprit de Dieu # de l'esprit du monde**

***Romains 12 :2 ; 1Corinthiens 2 : 12***

L'esprit du monde est versé dans la connaissance humaine, la connaissance scientifique et religieuse ; mais il est incapable d'accepter le message du salut par la croix. Si l'évangile n'a pas de sens pour un homme ou une femme, c'est un esprit mondain qui le domine. *1 Corinthiens 1 : 18*. Ce n'est pas parce que quelqu'un est déjà dans le corps du Christ qu'il est totalement sorti des influences de l'esprit du monde. C'est un combat perpétuel que le croyant en Christ doit mener et faire face à toutes les adversités que cela peut apporter dans la vie du croyant en Christ.

Cet esprit fait des ravages parmi les âmes de Dieu. Un jour, un de mes collègues s'est assis au réfectoire et s'est mis en compagnie de ses collègues de bureau et de même branche de recherche à porter critique sur les serviteurs de Dieu de l'église. Leurs causeries furent très flagrantes qu'au moment où je me levais pour rentrer dans mon bureau, il s'est retourné pour conclure leur débat sur moi en m'interpelant. Cela ne m'a rien dit. Une semaine après, le Saint Esprit m'ayant averti que Dieu allait déjà le frapper à cause de son blasphème, je suis allé vers lui pour essayer de le convaincre de se repentir, il m'a refoulé du revers de la main. La semaine qui suivait, dans un songe, le Saint Esprit me montra dans un songe où lui, son collègue et moi étions dans une chambre où les papillons blancs appelés "*noctuidé*" ont envahis la chambre. Je me suis retrouvé avec une bombe à insecticide puis je me suis à le pulvériser sur les papillons. Deux jours après, pendant la pause de *12h 30mn*, ses collègues les plus proches m'ont annoncé qu'il est malade ; il souffrait d'un paludisme. Or, cela ne fait pas plus d'un mois qu'il sortait d'une autre cure antipaludéenne. Après ce fut un autre qui ayant déjà subi deux opérations au niveau du ventre, qui est reparti pour une troisième opération chirurgicale, au niveau du ventre ; toujours pour le même mal. Bien avant, je lui ai dit que la prochaine opération, je ne sais si *l'Eternel Dieu lui permettra de revenir marchant sur tes deux jambes*.

Tous ces comportements sont l'œuvre de l'esprit du monde. La bible dit que ceux qui sont sous la loi seront jugés selon la loi et ceux qui sont sous la grâce seront justifiés par Jésus en tant que leur avocat. Ces deux frères ont été frappé selon la loi.

### 4- L'Esprit de révélation # esprit de divination

***Ephésiens 1 : 17-19 Actes 16 : 16***

La curiosité avec les esprits est que tous deux annoncent les mystères qui ne sont pas saisissables par la conscience humaine. Tous deux peuvent dire le vrai, mais un seul ne pas dire le mensonge. Dans le livre des Actes des Apôtres, l'esprit de divination dit la vérité, mais il empêche aux gens de suivre la parole de Dieu ; car il masque les serviteurs et c'est cet esprit qui se met en première ligne ; et que désormais c'est lui qui serait écoutée. Les gens aiment les prophéties, et l'esprit de mensonge passe par ce que les gens aiment entendre. Par contre, l'esprit de révélation qui fait la gloire de Dieu donne aux hommes et aux femmes les paroles qui leur apportent le salut. C'est difficile qu'elle trouve toujours une grande audition parmi les hommes et les femmes.

- **Comportement des deux esprits**

Lorsque l'esprit de révélation est action dans la vie d'une personne sanctifiée, l'annonce d'une situation peut se répéter pendant au moins trois fois. Soit la même chose revient sous la même manière, soit elle revient par des manières différentes mais le message demeurant le même. Avec l'esprit de révélation, si l'on n'est pas certain, même si l'on le chasse, il revient toujours avec le même message. Une fois que l'on a pris les dispositions pour l'accomplissement ou l'éradication de la situation, l'esprit de révélation revient toujours pour confirmer l'effectivité des faits. Tandis que l'esprit de divination se présente une fois et prend la fuite après une prière de confirmation. L'esprit de divination, lorsqu'on le laisse prendre place dans la vie, il finit par devenir une obsession difficile à s'en débarrasser. Dès les premiers signes qu'on s'en rende compte, il faut s'en débarrasser aussitôt que possible. *Romains 11 :8-10.*

**5- L'Esprit de vérité # esprit de mensonge**

***Jean 15 : 26   2Corinthiens 2 : 15-17   1Thimotée 4 :1***

Avant de connaître qui est Jésus pour l'humanité, sa place dans la vie des hommes et femmes faits à l'image du Père, et tout le temps que j'ai passé à côtoyer les charlatans, je savais que les charlatans avaient la capacité de lire dans la vie des gens. Que ces révélations venaient de Dieu avec lequel ils ont une étroite relation. Après avoir connu la vérité, je me suis rendu compte que les charlatans faisaient les tours de passe-passe avec les esprits qui avaient envahie la vie de leur victime. Ce sont ces esprits qui communiquent avec les charlatans pour détailler ce qui se passe dans la vie de la victime. Ce qui se passe dans la vie de la victime est ce que les esprits démoniaques ont introduit dans sa vie. La victime le vit parce que ce sont les esprits démoniaques qui entretiennent ce mode de vie en elle. C'est cette vie que les esprits racontent au charlatan qui fait la vision sur le malade. Le charlatan ne voit rien, il communique seulement avec les démons qui troublent un individu.
Dans mon style de toujours vouloir dire la vérité aux âmes de Dieu selon Dieu, je me suis mis à débattre sur un sujet spirituel concernant la bénédiction originelle de la création avec un collègue qui travaille dans

l'unité de production de manioc. Au cours de ce débat, je lui ai dis que pour que je connaisse ce qui se passe dans le manioc, je dois me rapprocher de lui ; et pour ce qui concerne Dieu tu dois te rapprocher de moi. Lorsque quelqu'un parle, surtout prononce des paroles dont il ne sait les aboutissants, il pèche et ses péchés vont s'entasser au fond de la mer de l'oubli. Une fois que ça commence à bouillonner là-bas, dès qu'ils font surface, alors on est frappé de malédictions. La bénédiction originelle est un fait qui est pour tous, enfants et grandes personnes. Ce n'est pas l'église qui a donné cette bénédiction, elle existe depuis la création. Le jour où un homme et une femme vont ensemble, et s'il arrive que la femme soit dans sa période d'ovulation et que le spermatozoïde de l'homme est compatible à l'ovule que l'ovaire libère, l'enfant issu de cette union à l'instant T est déjà pourvu de cette bénédiction aussi petite qu'est encore l'embryon. A cette déclaration, il fut très content ; et déclara que c'est avec moi qu'il viendra toujours débattre des questions spirituelles. Je lui ai dis qu'il devra aussi accepter les autres vérités que je lui dirai et qui ne vont pas plaire à sa conscience.

## Comprendre et résoudre certains problèmes spirituels

Un médecin peut parfois résoudre certains problèmes de maladie sans avoir besoin des autres. Mais pour certains il faut le concours des autres (anesthésiste) ; parfois on peut utiliser les mains même du médecin. Mais pour ce qui est des affaires de l'esprit, il y a des choses que seul Jésus peut faire. Pour ce qui concerne la délivrance et le salut, le maître des opérations reste et demeure Jésus ; et il y a des règles que l'on ne peut brûler et arriver à bon port.

### 1- Les principes de la loi de Dieu

#### a) Transgression de la loi de Dieu

Ici, il s'agit des lois (normes) qui régissent les relations entre Dieu et l'homme : les dix commandements. Dieu est jaloux et ne permet à aucun homme ni à aucune chose de prendre son honneur. Le fait que la bible interdise certaines choses montre clairement que l'adoration réservée à Dieu ne soit détournée. Pour ce faire, il faut que la personne qui le fait, le fasse avec l'esprit de Dieu. C'est ici que se pose alors le problème de la quatrième dimension. Avec Jésus, la quatrième dimension est le Saint

Esprit ; avec Satan, elle est représentée par ses démons dans le corps de l'homme ou de la femme. Malheureusement, beaucoup arrivent chez Christ chargés d'esprits sataniques qui favorisent la transgression de la loi de Dieu ; par conséquent, une adoration convenable ne peut être faite par des personnes pareilles envers Dieu. Les personnes pareilles devant Dieu dégagent l'odeur du serpent ancien ; et lorsque l'adoration est vraiment ce qu'elle doit être, ces esprits ne résistent pas, ils sont obligés de se manifester ; et c'est là que commencent le travail de libération et de délivrance.

**b) Le péché contre soi-même**

Pêcher contre son propre corps donne l'occasion à l'ennemi de sévir dans la vie de la personne. On peut citer l'**homosexualité** (*Lévitiques 18 :22, Romains 1 : 26 ; 1 Corinthiens 6 :9*)

La **bestialité** (*Exode 22 :19 ; Lévitique 18 :23 ; Lévitique 20 :15-16*)

L'**inceste** (*2 Samuel 12*)

Le **viol**, la **masturbation**, la **fornication**, le **concubinage**, l'**adultère**. Tous ces maux sont commis dans le corps de l'être humain. Jean ayant demandé à Jésus le feu du ciel sur les habitants de la ville qui ne voulaient pas le recevoir, Jésus le réprimanda en lui disant qu'il ne sait de quel esprit il est animé. Cette réponse montre que les comportements dont font montrent les hommes et les femmes ne proviennent pas directement de leur cœur ou de leur conscience. Il y a surement un esprit contraire à la volonté de Dieu qui les pousse à le faire. Le fait de confesser les péchés vus par l'œil ne suffit pas ; il faut aller dans la cause et enlever le pourquoi. Ainsi, les leaders et les conducteurs auront un peuple prêt à se donner en sacrifice vivant pour la cause de l'évangile de Christ.

**c) Le péché contre autrui**

La bible donne beaucoup d'exemples à ce sujet. Les enfants qui se sont moqués d'Elie. Globalement, il y a les répercussions du péché d'un proche sur sa descendance. Il y a aussi la désobéissance à des principes divins. D'autres part, il y a les malédictions prononcées par une autorité spirituelle en colère ayant un lien avec la personne maudite (honore ton père et ta mère). La convoitise peut également rendre quelqu'un idolâtre de ce qu'il convoitise. De nos jours ce sont ajoutés les péchés transmis par télépathie au moyen du téléphone ou au travers de la toile du net. Toutes ces choses doivent être traitées minutieusement par le serviteur de Dieu au milieu du peuple de Dieu.

**d) Manifestation des problèmes spirituelles**

Tout conseiller spirituel devrait toujours commencer par l'identification de la maladie par deux voies :

- Les symptômes
- Le discernement

D'une manière générale, le discernement exploite les symptômes. Beaucoup estiment que les symptômes sont spécifiques à certaines dimensions de l'être humain. Cela est approximatif. Les manifestations sont données à titre indicatif.

**1) Dans l'esprit**

Lorsque le mal est dans l'esprit, il y a des cauchemars, les traumatismes, parfois suivi d'une expression en langue inconnue. Les repas de nuit sont constants, suivi de ventre plein au réveil.

**2) Réception des paroles et suggestions**

L'hypnose, empoisonnement par téléphone, par télépathie, la capacité de prévenir et de guérir les maladies. La capacité de révéler les hommes et au monde. Jamais ils ne disent qu'ils ont vu que quelqu'un va donner sa vie à Jésus.

**3) Dans l'âme**

Les troubles sont émotionnelles pour la plupart le sentiment de rejet, excès de colère, le sadisme, envie du suicide…

**4) Dans le physique**

La personne éprouve la fatigue matinale quoiqu'elle ait bien dormi. Elle peut également présenter les signes d'amaigrissement à cause de l'anxiété, l'alternance du froid et du chaud. La force physique exceptionnelle, les couches de nuit, la dépendance vis-à-vis de certaines choses, la tendance à la moquerie. Le plus important n'est pas la maîtrise des manifestations, mais le recouvrement de la santé et surtout l'acheminement vers la Vie. Alors, il faut que le patient coopère pour faciliter sa guérison.

5) **Cheminement vers la délivrance**

La malade a au moins trois rôles pour sa délivrance *Actes 19* : Plusieurs de ceux qui avaient cru venaient confesser et déclarer ce qu'ils avaient fait.

***19.19*** *Et un certain nombre de ceux qui avaient exercé les arts magiques, ayant apporté leurs livres, les brûlèrent devant tout le monde: on en estima la valeur à cinquante mille pièces d'argent.*

- Confesser
- Déclarer
- Se débarrasser des autels

6) **Les étapes**

L'ordre peut varier selon que la disponibilité du malade. Il est une chose à savoir : le Saint Esprit ne force personne à venir faire la délivrance, mais si quelqu'un est disponible et disposé, alors le tour est joué. Le serviteur n'aura pour rôle que de coordonnateur.

1- L'échange se fait à la croix avec Christ
2- La repentance et le renoncement
3- La prière d'autorité contre l'ennemi (seul celui qui a l'autorité peut l'exercer)
**NB** : l'autorité n'est pas la spiritualité. On peut être très spirituel sans avoir l'autorité.
4- Le suivi ou contrôle de la délivrance
5- Ne jamais remettre son autorité en cause
6- Toujours laisser un espace pour la sortie d'un démon ou d'une maladie ; c'est-à-dire ne jamais fermer toutes les portes ; toujours laisser une ouverture par laquelle le démon ou la maladie sortira.

## Les dons du Saint Esprit dans le processus de délivrance

### Spécificités

Dans l'optique des œuvres de la délivrance dans l'église, l'assise du peuple de Dieu dans la présence de Jésus est sujet à la présence du Saint Esprit et à ses dons. Ces cadeaux qui sont la propriété de Dieu sont donnés par le Saint Esprit et favorisent la délivrance et la stabilité spirituelle pour les croyants en Dieu par Jésus. Lorsqu'un don du Saint Esprit est manifesté dans la vie d'un croyant, non seulement il reçoit une délivrance, il s'approche plus vers le salut, en plus il vit un changement personnel dans son homme intérieur, son rendement change dans l'église et dans ses entreprises. La relation entre ce croyant en Christ améliore son alliance avec Dieu.

**Valeur et buts**

Les dons du Saint Esprit a pour but d'amplifier la puissance spirituelle du croyant ; ce qui revient à augmenter son efficacité spirituelle. Il est important de fonctionner avec les dons spirituels du Saint Esprit. Quel que soit l'attitude et quel que soit la dénomination, tout croyant en Christ doit savoir que les dons du Saint Esprit sont pour l'utilité commune. En d'autres termes, c'est pour le bonheur du corps de Christ.

Personne n'a donc le droit d'en priver le corps du Christ des grâces qui lui sont destinée. D'ailleurs, personne ne peut mettre le Saint Esprit en prison. Dans certaines circonstances, la percée spirituelle n'est possible que grâce au recours des dons du Saint Esprit ; c'est-à-dire que face à certains obstacles, seuls les dons du Saint Esprit peuvent venir au secours des croyants et des leaders. C'est alors que la gloire reviendra au Seigneur Jésus et cela particulièrement dans les milieux incrédules.

Tous ceux qui manifestent les dons du Saint Esprit dans le service spirituel en Jésus finissent toujours par devenir des serviteurs de Dieu ; même s'ils sont jeunes convertis. Les dons du Saints Esprit sont des indicateurs que les leaders doivent analyser pour mettre en perspective du ministère les jeunes et les anciens convertis. En revanche, manifester un don spirituel ne veut pas dire qu'on sera automatiquement appelé à devenir ministre de Dieu. C'est par exemple le cas de la libéralité. C'est un don puissant très utile dans l'œuvre, mais il ne conduit pas nécessairement au ministre.

**Réception des dons du Saint Esprit**

Selon la bible, ils peuvent se manifester par :

- La foi
- Par la grâce
- Par le baptême du Saint Esprit

J'ai remarqué quelque chose que j'ai eu à souvent expérimenter. J'ai souvent programmé des baptêmes d'eau accompagnés du baptême du Saint Esprit pour des cas difficiles de possession à délivrer. Je fais des prières telles que je demande

au Seigneur Jésus de délivrer la personne pendant la cérémonie de baptême, puis l'inonder du Saint Esprit une seule fois ; et ça toujours fonctionné.
D'une manière générale, le baptême du Saint Esprit a toujours été accompagné par la dispensation des dons spirituels du Saint Esprit.

**Autres sources de délivrance**

Les problèmes de délivrance ne s'auraient s'arrêter uniquement sur les trois dimensions du système vital de l'être. L'environnant des trois dimensions doit également passer à la délivrance. L'environnement dans lequel est installé l'église du Christ nécessite des moyens financiers pour fonctionner ; et l'Eternel Dieu dans sa loi a tout prévu :

- **La dîme** : elle permet à l'Eternel Dieu de sécuriser les entreprises de ses enfants. C'est par la dîme que l'Eternel Dieu mesure les entreprises de chacun de ses enfants.

- **L'offrande simple** : c'est un acte de reconnaissance et de remerciement

- **L'action de grâce** : c'est un remerciement spécial pour une situation spéciale qui a été débloquée.

- **Offrande d'alliance** : pour l'entretien spécial de l'alliance personnelle.

Il y a beaucoup d'autres types d'offrandes que l'on peut rencontrer dans les églises et assemblées de Christ. Ce qui est important dans toutes ces œuvres sont les prières spéciales qui sont dites sur le peuple offrant chaque fois qu'il est devant l'autel pour accomplir ces libéralités.

**Formations personnelles des serviteurs de Dieu**

**1- Formation intellectuelle du serviteur de Dieu**

Lorsque j'arrive dans l'église du Christ en *1995*, je fus accueilli par un jeune et un autre monsieur qui était son assistant. Tellement que la salle qui accueillait le peuple était petite, toute information concernant la vie des serviteurs était connue. Le pasteur doyen était bachelier de l'enseignement secondaire général, son adjoint était diplômé détenteur du certificat de probation de l'enseignement secondaire général. Lorsque ces deux messieurs montaient sur l'autel pour édifier le peuple, l'expression coulait facilement et le peuple était bien nourrit. La conjugaison y était avec une bonne concordance des temps, les constructions des phrases ne souffraient de rien, le placement et l'emploi des pronoms personnels compléments d'objet étaient respectés. Je me suis dit voilà des gens intelligents utilisés par Dieu. Un autre jour, je suis arrivé au moment où une sœur prophétisait. Au départ, j'ai cru que c'est moi qui ne comprenais pas bien ou que je me trompais. A la suite, la même sœur recommença à prophétiser, le même scénario de fautes linguistiques recommença. Je me suis retourné vers mon épouse, puis d'une rencontre des yeux, nous nous sommes mis à sourire. Etant beaucoup dérangé sur ce que j'entendais, je suis allé voir l'adjoint du pasteur et lui ai posé des questions sur les points que je ne comprenais pas.

- Frère, dis-moi, *comment est-ce que la prophétesse peut sortir tant de fautes de sa bouche alors qu'elle parle de la part de Dieu* ?
- Il a commencé par rire et m'a dit : *le Saint Esprit en lui-même ne peut commettre des fautes en parler ni en écrit, c'est la sœur qui a un niveau intellectuel bas. Alors, le Saint Esprit n'utilise que le dépôt intellectuel qu'il a trouvé chez la sœur.*

D'autres que j'ai côtoyé sont allés jusqu'à me dire que le Seigneur n'a pas besoin des diplômes pour le servir et que c'est le Saint Esprit qui fait tout. Je me suis référé sur les deux extrémités écrivains de la bible : Moïse dans l'Ancien Testament et Paul dans le Nouveau Testament ; à côté d'eux se trouve Métatron l'ange scribe de Dieu qui a aussi transmis beaucoup d'écrits à Moïse.

Il y a une chose que j'ai faite comme remarque sur chaque personne qui ne maîtrise pas son travail : elle est souvent agressive lorsqu'on lui pose des questions embarrassantes concernant son travail. Les serviteurs de Dieu qui ne sont pas intellectuellement posés n'échappent pas aussi à cette règle. Un jour de sa vie, je dialoguais avec ma maman, arrivé à un niveau de réflexion, elle m'a dit : *Mon fils, j'ai beaucoup de pensées et de réflexions dans ma tête, mais je ne sais comment les réaliser à cause de l'analphabétisme dont je suis sujet.* Même en utilisant le Saint Esprit comme bâton de pèlerin, si l'on est intellectuellement limité, on aura beaucoup de peine à communiquer avec le Saint Esprit pour sa mission au sein du peuple dans l'église du Christ.

Parents, envoyons nos enfants filles comme garçons à l'école pour y être éduquer intellectuellement et qu'ils soient très efficients dans leur emploi.

## 2- Formation spirituelle du serviteur de Dieu

La formation spirituelle du serviteur contribue à ce que son intelligence s'ouvre. Cette ouverture sera grande et forte si la contenance de son vase a beaucoup d'espace. La formation du serviteur de Dieu est particulièrement déterminante pour son ministère. C'est son profil qui détermine la compréhension des problèmes, sa capacité de réaction et le déploiement de l'équipement divin dans la vie des fidèles et dans son environnement. La formation se fait généralement en deux phases :

- La phase initiale
- Et la phase continue

### La formation initiale

C'est elle qui dispense la formation de base. Dans cette formation, le Saint Esprit travaille dans la vie de la personne sans que celle-ci s'en rende compte. Parfois, les membres élevés en grade dans l'église ou dans l'assemblée ne s'en rendent pas compte aussi. C'est selon l'orientation de la vision de l'église que se forge cette formation dans la vie du serviteur. Parfois, une nouvelle orientation peut lui être donnée par le Saint Esprit. C'est également au cours de cette phase que l'observation est très importante pour le serviteur. Dans ces moments préliminaires, il vit tout ce que ses aînés font pour faire fonctionner le ministère. Il écoute. Il peut lui arriver de porter des sujétions personnelles qu'il partage avec le Saint Esprit. De telle personne arrivée chez elle, peut prendre un stylo et se met à écrire tout ce qu'il vit dans l'église ou tout autour d'elle. Bien que toutes ces étapes soient bonnes, elles ne font pas déjà de la personne un serviteur aguerri.

Beaucoup de croyants en Christ estiment aujourd'hui que les hommes et les femmes n'ont pas besoin de formation de base pour faire l'œuvre de Dieu. Pourtant, c'est elle qui permet de comprendre le travail à faire. La plupart des institutions bibliques et facultés théologiques ne dispensent pas toujours des cours adéquats. Il faut donc reconnaître que la compréhension du ministère est sujet à plusieurs courants qui peuvent permettre de comprendre la psychologie des fidèles et leur environnement biblique. Les défies missiologiques, les politiques ecclésiales, les relations entre l'église et les structures étatiques ; les philosophies plurisectorielles contraires à la foi du croyant en Christ ; la communication chrétienne, et la gestion des ressources ne vont pas toujours dans la direction des attentes bibliques du peuple. Au vu de toutes ces contraintes, l'appel à servir Dieu dans un ministère ou dans un office ne qualifie pas directement un serviteur. L'appel garantie le potentiel et l'onction, mais elle ne garantit pas la qualification.

## La formation continue

La phase continue est celle qui distille la formation continue. Dans cette phase, le serviteur est déjà actif dans l'église ou dans le champ de Dieu. Il vit des expériences liées à son ministère, des expériences liées à la rencontre avec les serviteurs d'autres ministères et églises. Elle joue un rôle déterminant dans la vie ministérielle du serviteur. Elle permet de corriger les erreurs et surtout de faire les mises à jour au fur et à mesure que la connaissance augmente. Chaque serviteur qui est à mesure de refaire sa connaissance est aussi à mesure de refaire son ministère. Avec la formation continue, la formation de base peut être refaite. Dans cette perspective, les séminaires ateliers spécialisés ou thématiques permettent de creuser une question de bout en bout. Dans cette rubrique on peut classer : les recyclages, les stages…
Bien que tous ces cadres soient importants, ils ne peuvent en aucun cas remplacer l'action et l'onction de Dieu dans la vie de son serviteur.

## La trilogie Paulienne

L'Apôtre Paul présente trois choses qu'on devrait lui apporter ; à savoir : le manteau, les livres et les parchemins (*2Timothée 4 :12-13*).

- **L'onction (le manteau)**
  L'onction qu'un serviteur de Dieu en Christ reçoit dépend de Dieu seul. Il est libre de la lui impartir au départ ou de la lui en donner au fur et à mesure qu'il chemine dans la soumission de Dieu son créateur. L'onction est une grâce surnaturelle qui permet d'agir efficacement sur le naturel avec la capacité de Dieu. A travers une opération de capacitation, le Seigneur donne les moyens de réaliser les exploits que la connaissance naturelle, mystique ou magique ne peuvent réaliser. Il

est important de relever que chacun peut demander à Dieu de refaire sa charge d'onction à tout instant.

- **L'expérience (les livres)**

Lorsqu'on parle d'expérience, il ne faut pas seulement voir le temps passé dans l'œuvre de Dieu par la même personne (*lorsque Paul parle des livres, des parchemins ; c'est-à-dire de plusieurs personnes*). A cela il faut y ajouter la connaissance accumulée par le serviteur de Dieu dans le temps, ainsi que les secrets qu'il a découvert dans la marche avec Dieu et qui sont partagés dans les supports écrits et audio-visuel.

Beaucoup de serviteurs n'aiment pas écouter les autres serviteurs. Cette attitude les sèvre de beaucoup de secrets précieux pour l'œuvre.

- Elisée a été appelé par Dieu, mais il a eu besoin du manteau d'Elie pour commencer à faire des miracles.
- Timothée a eu besoin des secrets, des instructions et les confidences de Paul pour être un bon serviteur, alors qu'il avait déjà reçu l'esprit de prophétie après imposition des mains des anciens.

- **La parole de Dieu**

C'est le début de l'œuvre de Dieu. Elle doit être attachée au cou et au cœur du ministre de Dieu. A tout moment, elle doit être disponible. Cependant, lorsqu'on parle de la parole de Dieu, il ne faut pas se limiter à la parole écrite ou logos. Il y a aussi la parole révélée sous forme de prophétie. La dernière catégorie est la parole de Dieu pour maintenant. Toutes ces dimensions de la parole sont nécessaires pour que le serviteur de Dieu grandisse dans son ministère.

En définitive, servir Dieu nécessite de la consécration. Il faut payer le prix pour comprendre ce que Dieu a l'habitude de faire. Ce que Dieu veut et ce qu'il dit pour le moment concerné. Tout cela est rassemblé dans les secrets qui se transmettent à travers les formations. Ces secrets peuvent être obtenus à travers la bible et la révélation, l'expérience des autres serviteurs de Dieu ; ou encore grâce à l'expérience de l'onction que Dieu a donné à son serviteur. C'est à ce prix que l'église de Dieu en Christ peut déployer la puissance de Dieu pour que le monde soit sauvé.

**La puissance de Dieu dans l'œuvre (le ministère)**

1- **La volonté parfaite de Dieu**
   Beaucoup de croyants en christ et serviteurs continuent à fonctionner sans tenir compte de la volonté de Dieu. La vie d'un ministre de Dieu doit s'identifier à celle de Dieu. Il faut que le croyant en Dieu par Christ pense comme Dieu. La volonté du ministre doit se mélanger à celle de Dieu. Chaque fois que le ministre de Dieu parle, en l'entendre, il faut que l'auditoire ressente que Dieu parle à travers lui. Pour que cela se produise, il faut aimer Dieu de tout son cœur et faire de lui son tout.

2- **Incarnation de Dieu en Christ**
   La bible déclare qu'en *Christ habite la plénitude de la divinité de Dieu.* Cela doit se produire en chaque croyant en Christ. Il faut incarner Christ et non faire de lui une greffe sur soi. Il ne doit pas être un corps étranger qui dérange dans le croyant en Christ. C'est malheureusement la situation de beaucoup de serviteurs à qui leur conscience se doit de leur reprocher beaucoup de choses. L'harmonie et la convergence entre le Christ et le Saint Esprit en soi est de faire la puissance du serviteur et de son ministère. Jésus pouvait dire : *comme toi Père tu es en moi et moi en toi, qu'eux aussi croient en nous pour que le monde voit que c'est toi qui m'as envoyé* (*Jean17 :22*). Avec cette harmonie, le monde croira en voyant la puissance de Dieu en action dans la vie du serviteur et de l'assemblée.

3- **La distance spirituelle**
   Le leader doit créer la distance entre lui et le peuple. Par exemple se lever plus tôt le matin et se coucher un peu tard dans la soirée ; mais aussi prendre un peu de temps dans la journée pour travailler sur ce qu'il doit donner au peuple de Dieu. Dieu lui-même recommande cette distance. ***Josué 3 : 2-4 ; Exode 13 : 20-22***
   Jésus amène ses disciples pour prier avec lui, mais en chemin il prend une distance. ***Matthieu 26 : 36***.

   ***Exemple de distance*** (*dépassement*) : si un fidèle prie pendant deux heures de temps, le pasteur doit prendre trois heures de temps pour prier.

**4- Le respect de l'itinéraire**

Il faut toujours suivre sa voie, son chemin, le chemin que Dieu trace devant chacun. La bible dit que les justes trouvent dans leur cœur des chemins tracés. ***Psaumes 84 : 6***

Jacob quitte Bethel pour se rendre à Sichem *Genèse 33 : 17-20 ; 34 : 2-5 ; 24-29* et rencontre des problèmes en chemin. Chaque fois que le croyant en Christ marche sur la voie tracée par Dieu, tout va pour le mieux. Ce fut le cas de Joseph, de Job, de Jésus.

**5- La gestion efficace de l'onction**

L'onction est donnée pour briser les jougs de l'ennemi de toute sorte : pauvreté, malédiction, péché, maladie... en vérité, chaque croyant en Christ en a un peu et suffisamment pour entrer dans les dessins de Dieu pour lui. Ce qu'il faut faire c'est optimiser ce que Dieu a donné à chacun. Utiliser au maximum et non enterrer comme ce fut à la parabole des talents.

**6- La valorisation de la révélation**

Tout bon serviteur de Dieu parle toujours avec lui. On ne sert pas Dieu sans révélation. Chacun doit marcher selon la révélation reçue, car Dieu donne toujours ce qu'il ordonne et veille à ce que ça puisse s'accomplir. C'est dire qu'il y a toujours l'approvisionnement pour la vision qu'il donne.

**7- La connexion avec Dieu**

Ceux qui passent plus de temps avec Dieu par jour ont plus de chance d'être chargé de sa puissance et des reflets de sa glorieuse présence. Ils ne peuvent être qu'au-dessus de ceux qui passent leur temps loin de lui. En somme la puissance de Dieu dans l'œuvre est donnée pour le bien du ministère. Elle contribue à la délivrance du peuple, apporte le bien-être dans la vie du peuple de Dieu et de l'église et voire les âmes de Dieu dans le champ de Dieu. La puissance de Dieu dans l'œuvre ne s'obtient pas comme une écorce ou suite à une prière d'un puissant homme de Dieu. Elle contribue de manière certaine à valoriser la présence de Dieu au milieu de ses fils et servantes. La puissance de Dieu dans le ministère se mesure à sa capacité de déploiement dans le temps, son envergure, son impact, son autorité, sa crédibilité et sa conformité à l'appel. Cela ne peut tenir sans les ingrédients indiqués plus haut.

**L'Etat du berger**

Le berger est la personne qui prend soin des brebis et les paît. Le travail du berger n'est pas toujours facile à faire à cause du manque de l'intelligence et de la connaissance de la parole de Dieu dans la vie des brebis. Le berger assume donc sa responsabilité en anticipant sur les attitudes des brebis qui peuvent s'égarer à tout moment. Au de-là du dérapage des brebis, le berger est celui-là qui doit avoir le cœur ouvert pour accueillir et reprendre les brebis malgré les dérapages.

**1- Le cœur du berger**

Au sens propre du terme, le berger de par l'observation qu'on peut faire sur son travail n'est pas supposé être un homme extraordinaire. Il est seulement un soutien et un esclave au service des faibles. C'est un amoureux des têtus, un médecin des blessés, une intelligence pour les ignorants, un conseiller des hésitants et des embarrassés, un guide pour ceux qui ressemblent aux moutons. C'est le gardien unique des grands troupeaux. Il n'a de temps que pour les brebis.

Ici, il ne s'agit pas seulement du pasteur, mais de toute personne qui a des personnes sous sa responsabilité (leader), évangéliste, prophète, évêque…

Bien que succinctement présenté, ces lignes indiquent le portrait-robot du berger. Mais dans une approche opérationnelle, on verra que le cœur du berger exige des qualités particulières.

Le travail du berger demande beaucoup de qualités comme le sens des priorités, la planification, la sensibilisation… mais l'essentiel est répertorié dans les quinze aspects suivants :

- La patience
- La tempérance
- La bonté
- Le don de soi
- La persévérance
- L'autorité
- La miséricorde
- Le courage
- La puissance
- La générosité
- La foi

- L'ambition
- Le cœur large
- L'écoute exercé
- Le goût du risque

**2- Plus qu'un père**

En tant que père spirituel, le berger éprouve tout ce qu'un père peut éprouver pour son enfant ***-Luc 15 : 11-32).*** Un père est sensible, attaché aux problèmes de ses enfants.

**3- Le renoncement**

Le renoncement concerne l'être tout entier, surtout des choses de la vie avec Christ ; car Dieu peut tout donner à une personne durant la marche avec lui. Celui qui ne renonce pas n'est pas digne d'être appelé enfant de Dieu ou encore n'est pas digne d'entrer dans le royaume de Dieu. Il n'est même pas digne d'être appelé enfant de Dieu.

Renoncer c'est abandonner, dire non, refuser. Dire non aux aspirations du monde qui ne cadrent pas avec la volonté de Dieu qui mène au salut de l'âme. Le renoncement est très important pour les serviteurs et les enfants de Dieu. Parfois, certains serviteurs et enfants de Dieu se lamentent toujours que leurs prières ne sont pas exaucées ou que Dieu tarde à répondre à leurs demandes. Ceci peut parfois provenir du manque de renoncement ou que le degré de renoncement n'est pas assez poussé.

Jésus est sauveur, il est également Seigneur. Dans la vie des convertis, la plupart reste souvent cantonner avec Jésus dans l'état de sauveur. Cet état raccourci la main de Dieu dans leur vie. Or pour celui qui évolue jusqu'au stade où Jésus devient son seigneur, celui-là a plus de chance et marque de grand score dans sa marche avec Dieu. Dans le livre d'Apocalypse, Dieu nous montre une autre face de Jésus : Agneau de Dieu avec sept cornes et sept esprits qui sont envoyés par toute la terre. En maitrisant le rôle de ces sept esprits, le croyant peut sanctionner Satan et ses agents. Ici Jésus devient le combattant et le juge dans la vie des croyants et de son église.

- **Le "moi" dans le renoncement**

  Lorsque l'on est inconscient du "**moi**", il s'érige en vrai obstacle dans la vie du serviteur et des enfants de Dieu, et pourtant c'est la personne elle-même. Chaque personne qui se reconnait en Christ devra toujours se poser la question suivante : Qu'elle est la place du "**moi**" dans ma vie depuis ma nouvelle naissance ?

**Comment se manifeste-t-il** ?
**De quelle manière et par quel** (s) **vice** (s) ?

Celui qui se préfère à Jésus n'est pas digne du royaume des cieux, c'est-à dire lorsque le "**moi**" est au-dessus de Jésus (lorsque la personne se place à la place de son chef ; ou refuse de donner au chef sa place dans la mission que le chef lui a confié) ***Luc 9 : 23-26 ;***

***9.23 Puis il dit à tous: Si quelqu'un veut venir après moi, qu'il renonce à lui-même, qu'il se charge chaque jour de sa croix, et qu'il me suive.***
***9.24*** *Car celui qui voudra sauver sa vie la perdra, mais celui qui la perdra à cause de moi la sauvera.*
***9.25*** *Et que servirait-il à un homme de gagner tout le monde, s'il se détruisait ou se perdait lui-même?*
***9.26*** *Car quiconque aura honte de moi et de mes paroles, le Fils de l'homme Aura honte de lui, quand il viendra dans sa gloire, et dans celle du Père et des saints anges.*

***Marc 3 : 32-35***

***3.32*** *La foule était assise autour de lui, et on lui dit: Voici, ta mère et tes frères sont dehors et te demandent.*
***3.33*** *Et il répondit: Qui est ma mère, et qui sont mes frères?*
***3.34*** *Puis, jetant les regards sur ceux qui étaient assis tout autour de lui: Voici, dit-il, ma mère et mes frères.*
***3.35*** *Car, quiconque fait la volonté de Dieu, celui-là est mon frère, ma sœur, et ma mère.*

Le renoncement est difficile mais pourtant important et indispensable pour la foi. Lorsque l'on n'accepte de renoncer, c'est parce qu'on veut garder quelque chose pour soi-même. Or Jésus dit de tout lui remettre afin de recevoir la Vie.

Le "**moi**" est l'obstacle le plus dangereux pour la foi en Christ. Le "**moi**" ou encore la personnalité de la personne peut empêcher Dieu d'agir ; lui qui laisse tous les hommes agir ***Deutéronome 30 :19-20***

***30.19*** *J'en prends aujourd'hui à témoin contre vous le ciel et la terre: j'ai mis devant toi la vie et la mort, la bénédiction et la malédiction. Choisis la vie, afin que tu vives, toi et ta postérité,*
***30.20*** *pour aimer l'Éternel, ton Dieu, pour obéir à sa voix, et pour t'attacher à*

*lui: car de cela dépendent ta vie et la prolongation de tes jours, et c'est ainsi que tu pourras demeurer dans le pays que l'Éternel a juré de donner à tes pères, Abraham, Isaac et Jacob.*

Dieu voulait que les êtres humains soient des dieux, des êtres qui ne meurent pas dans le sens spirituel, c'est-à-dire perdre sa vie à la fin des temps. Chaque être humain est responsable de son tort afin que les autres ne soient pas accusés. Une personne peut avoir fait un acte contre une tierce personne; sans votre volonté pas de succès.

**Renoncer aux autres**

Les autres ici concernent les parents auxquels nous tenons directement. Ceux qui sont pointés sont : les parents proches, les fils et les filles ; parfois c'est la femme ou le mari qui partage intimement la vie du serviteur ou de la servante.

Une fille de Dieu est venue me voir ; elle devait voyager de la capitale Yaoundé pour la capitale de la région de l'Est où son oncle devait recevoir la médaille d'honneur de travail. Pendant qu'elle causait avec moi, elle me demanda d'abord de compléter ses frais de transport et de prier pour elle. Je lui ai dit qu'on ne s'engage que lorsqu'on sait qu'on est à mesure de remplir parfaitement ce que l'on se propose de faire. Comment peux-tu faire un si long voyage sans être bien dans ton portemonnaie ? Ne le fais pas. Elle m'a répondu que : *pour rien au monde, elle ne peut manquer un tel événement.* Alors je lui ai dit que je ne peux non plus prier pour toi.

Une personne pareille ne peut être une bonne servante ou un bon serviteur de Dieu pour le royaume de l'Eternel Dieu.

Le jour où l'on m'a annoncé le décès de ma petite sœur, la personne qui est venue le faire aurait cru que je me lèverais promptement et le suivrais. Sachant ce qui s'était passé, à sa grande surprise, je lui ai répondu : " *va dire à celui qui a fait ce travail de terminer ce qu'il a commencé et je ne serai pas aux funérailles de ma petite sœur* ". En effet, dimanche j'avais culte. La grande famille est venue me voir, je suis resté campé sur ma position ; car le mort n'a pas d'influence dans le service cultuel que m'a confié le Seigneur Jésus.

**Le renoncement à la socialisation**

Un serviteur de Dieu est une personne qui ne doit pas s'attacher aux associations du monde ; ne fusse qu'elle soit familiale. Ce comportement favorise l'envoûtement des serviteurs de Dieu et a pour conséquence la diminution de l'onction du Saint Esprit ; et peut même ternir l'image du serviteur ou de la servante.

Pendant que j'étais à la direction de l'église "Eglise puissance de Dieu" et travaillais également, le clan Beti dont je fais parti de nature créa une association au sein de l'entreprise. Cette association avait pour but la promotion professionnelle des fils Beti de l'entreprise. Après un parcours assez élogieux, certains des frères ont commencé à émerger socialement pendant que je continuais à trainer le pas. Finalement, le Seigneur a fini par dissoudre cette association. Dès qu'elle fut dissoute, c'est alors que le Seigneur a commencé à me montrer comment tous ceux qui ont émergé étaient assis sur moi mystiquement en puisant tout ce qui pouvait provoquer aussi mon élévation sociale.

Quelques années plus tard, j'ai entrepris d'assister aux réunions familiales. Pendant que j'y allais pour le bien et la stabilité de la famille, mes cousins se préparaient déjà à m'éliminer physiquement par les moyens occultes. Je fus d'abord atteint par la sciatique des deux jambes. Paralysé pendant une semaine, je me suis forcé à remarcher, à prier intensément, puis un jour en priant, j'ai ressenti comment deux crochets se détachaient de mes deux tendons des pieds ; et c'est depuis ce jour que j'ai effectivement recommencé à bien marcher. Tout ceci parce qu'ils ne voulaient pas que j'aille construire la maison sur le terrain que leurs géniteurs ont donné disant que c'est la part qui revenait à mon feu papa.

Or, si je partais dans toutes ces associations pour évangéliser et parler de Jésus, ces envoûtements ne m'auraient pas touché ni eu effet sur moi. Certaines personnes par soucis de peur des malédictions, pourtant déjà dans la vie spirituelle que donne Jésus ont toujours peur des malédictions des coutumes. Certains vont même jusqu'à accepter les orientations des parents pour leur vie (choix de l'époux ou de l'épouse). Ceux-là encouragent l'occultisme ou la domination des pensées humaines dans leur vie spirituelle.

Le degré de renoncement aux choses du monde implique aussi souvent le degré d'augmentation d'attachement au Seigneur Jésus d'où également l'augmentation de l'onction du Saint Esprit.

Qui refuse le renoncement est candidat au brisement.

**Le brisement**

Il a été facile pour Dieu de sortir son peuple de l'Egypte que sortir l'Egypte du cœur de son peuple.

Lorsque Jésus reste à Jérusalem, ses parents étant revenus pour le chercher, il leur répondit : *ne dois-je pas m'occuper des affaires de mon Père* ? Un bon fils de son père ne se frappe jamais la poitrine en disant "Je". Lorsqu'il s'exprime, il parle au nom de celui qui l'a envoyé.

Très peu de croyants sont brisés ou s'apprêtent au brisement ; alors que c'est un moyen pour hériter des promesses de Dieu et voire du paradis. Dieu utilise le brisement pour détacher ses fils, ses servantes et ses serviteurs du monde et les choses auxquelles ils sont attachés. Dieu peut même aller jusqu'à détacher ses fils et ses servantes des choses qui leur sont destinées ou qui leur appartiennent. Sans brisement, pas de changement de caractère. Ce que Moïse a subit sur le mont Sinaï fut le brisement en présence de l'Eternel Dieu.

De mes observations, c'est surtout ceux qui sont du caractère de Christ qui acceptent facilement le brisement. Le croyant qui veut ressembler à Christ doit nécessairement se laisser briser. Le chemin du brisement ne ressemble pas aux voies humaines. L'on peut avoir une bonne connaissance et une puissance qui libère les captifs, mais pour être libre, il faut passer par le brisement. Alors on peut dire de vous : vous êtes réellement libres et affranchis.

Retenons bien que l'onction peut amener quelqu'un au palais présidentiel, mais ses caractères vont le chasser.

Mais aussi par la puissance que Dieu peut développer dans l'un de ses fils ou servante, l'amène à être élevé ; mais sans brisement, la chute libre suit.

**Alors, que choisir ? que faire désormais ?**

Le processus de brisement est déclenché par Dieu lui-même selon son bon désir par le Saint Esprit.

Les êtres humains doivent savoir que Dieu est un être terrible dans ses agissements de rétablissement de son autorité. La preuve la plus terrible est la mort. Lorsqu'il décide qu'un être qui est cher à quelqu'un doit mourir, quel que soit les pleurs et les supplications que les uns et les autres peuvent envoyer, ou les prières qui peuvent être dites, rien ne peut lui faire revenir sur sa décision (la mort du fils de David, le frère a aîné de Salomon. La mort de tout le peuple qui sortit de l'Egypte, à l'exception de deux).

L'aîné aux pieds du quel j'ai beaucoup reçu était tellement rempli d'orgueil qu'il est arrivé à toujours se frapper la poitrine qu'il n'a rien reçu de quelqu'un à l'exception du Saint Esprit. En le regardant, le Saint Esprit m'a fait voir d'où était lié son péché. En fait, il faisait l'œuvre de Dieu étant possédé d'une semence démoniaque. Voulant l'amener à se libérer de cette semence, il n'a pas voulu. Un jour, son assemblée s'est vidée de tous les membres influents. Cela ne lui a pas suffi pour accepter d'entrer dans le processus de renoncement. L'église a commencé à se reremplir. Tellement qu'il est devenu populaire dans la capitale, il était invité partout pour des offices religieux. Un jour, le jour où Dieu décida de mettre fin à son endurcissement. En plein office, devant un parterre de plus de trois cent personnes venues l'écouter, il fut pris de vertige et fut obligé de s'assoir, puis perdit connaissance et tomba dans le coma. A son réveil, il avait déjà perdu l'usage du contrôle des membres du côté gauche de son corps. Au moment où j'écris ce livre, cet aîné suit des séances de rééducation. Je prie Dieu qu'il lui fasse reconnaître son péché et qu'il puisse se conformer.

Comme pour dire : on sert Christ par ses méthodes et avec son Esprit. Le renoncement est très important pour le processus de la nouvelle naissance, de la délivrance et de l'affranchissement. Les hommes et les femmes ne peuvent jamais être affranchis s'ils ne se laissent pas guider par le Saint Esprit. Lorsque Jésus parle de la parole qui est Esprit, il parle de la parole qui transforme. La parole qui pénètre les consciences et enclenche le processus de la libération. Elle est bonne non seulement pour les brebis du Seigneur assis, mais également pour les serviteurs debout devant le peuple.

***EZECHIEL 47***

***47.1*** *Il me ramena vers la porte de la maison. Et voici, de l'eau sortait sous le seuil de la maison, à l'orient, car la face de la maison était à l'orient ; l'eau descendait sous le côté droit de la maison, au midi de l'autel.*

***47.2*** *Il me conduisit par le chemin de la porte septentrionale, et il me fit faire le tour par dehors jusqu'à l'extérieur de la porte orientale. Et voici, l'eau coulait du côté droit.*

***47.3*** *Lorsque l'homme s'avança vers l'orient, il avait dans la main un cordeau, et il mesura mille coudées ; il me fit traverser l'eau, et j'avais de l'eau jusqu'aux chevilles.*

***47.4*** *Il mesura encore mille coudées, et me fit traverser l'eau, et j'avais de l'eau jusqu'aux genoux. Il mesura encore mille coudées, et me fit traverser, et j'avais de l'eau jusqu'aux reins.*

***47.5*** *Il mesura encore mille coudées ; c'était un torrent que je ne pouvais traverser, car l'eau était si profonde qu'il fallait y nager ; c'était un torrent qu'on ne pouvait traverser.*

*47.6 Il me dit : As-tu vu, fils de l'homme ? Et il me ramena au bord du torrent.*
*47.7 Quand il m'eut ramené, voici, il y avait sur le bord du torrent beaucoup d'arbres de chaque côté.*
*47.8 Il me dit : Cette eau coulera vers le district oriental, descendra dans la plaine, et entrera dans la mer ; lorsqu'elle se sera jetée dans la mer, les eaux de la mer deviendront saines.*
*47.9 Tout être vivant qui se meut vivra partout où le torrent coulera, et il y aura une grande quantité de poissons; car là où cette eau arrivera, les eaux deviendront saines, et tout vivra partout où parviendra le torrent.*

En méditant sur ces versets, le Saint Esprit qui nous révèle la nature de Dieu nous enseigne que la marche avec Dieu ne s'arrête pas là où nos pensées s'arrêtent. Lorsque l'on pense connaître Dieu parfaitement, ou si nous disons que nous sommes arrivés au bout de la connaissance de Dieu, il nous démontre qu'il a encore à nous donner ; pour nous et pour son peuple.

Le pasteur et ses collaborateurs doivent veiller à la vie de ses brebis, les brebis du seigneur. Les enseigner à aimer Dieu et à faire sa volonté. Aimer Dieu de tout son cœur et de toute âme, est la première étape et la plus forte de la délivrance. C'est alors que la vie des leaders et celle du peuple seront comblées. De même que Dieu nous conduit dans de verts pâturages (là où il y a la vie en abondance et de l'espace), de même les bergers doivent conduire les croyants de Dieu en Christ où leurs âmes doivent trouver du repos et la restauration (Psaumes 23). Le repos ici est synonyme de la paix du cœur, la tranquillité dans la conscience, la non excitation des nerfs, le battement normal du cœur et qu'aucune nouvelle ne trouble les battements du rythme cardiaque. Ce qui veut dire que tous les petits démons de surexcitation doivent disparaître du corps du croyant. D'autre part, il faut enseigner aux croyants à savoir écouter leur cœur et corps pour savoir ce qu'il faut faire en cas de trouble ; afin de ne pas laisser le trouble prendre du temps et du terrain dans le corps, l'âme et l'esprit du croyant : c'est ce qu'on appelle faire battre le cœur du croyant au rythme du cœur de Dieu.

**Quelques prières**

**Se débarrasser de " l'homme fort** encore appelé **esprit gardien**"

Qui est l'homme fort ?

L'homme fort ou esprit gardien est un démon ou un être fort placé en intru dans la vie de son prochain où il parasite la vie par un esprit malsaint qu'il contrôle pour détruire la vie de sa victime. Cet esprit ne tue pas, mais il fait beaucoup de dégâts dans la vie de son hôte. Dans le milieu spirituel et dans la vie des repentants, il est toujours le signe d'une délivrance incomplète. Il ne faut pas sous-estimer cet esprit. Il est à l'origine de l'incrédulité caractérisée des âmes de Dieu. Dans le champ de Dieu et dans l'église qui est le corps du Christ il empêche les croyants de se donner entièrement à Christ. Ce qui fait que le serviteur même devient limité. Il est plus dangereux lorsqu'il vit à l'intérieur de l'être humain. Dans cette position, il contrôle entièrement la conscience et les pulsions du cœur de son hôte. Parfois la personne qui est victime des faits de cet esprit peut confesser qu'il a une conscience forte, or qu'il le fait de manière inconsciente. En général, ceux qui sont victimes de cet esprit, lorsqu'il est hors de leur corps, sont ceux qui sont capables de résister aux désirs de cet esprit. Pour y arriver, il y a une chose qu'il faut observer :

- Cet esprit peut donner des songes vrais pour un temps
- Cet esprit, après un songe, la personne se réveille avec de violents maux de tête
- Cet esprit ne peut jamais montrer le chemin de l'amour à quelqu'un
- Cet esprit développe l'esprit de combat spirituel, en faisant oublier la vraie parole de Jésus qui dit qu'il faut demander
- Cet esprit est champion des lieux de pollution dans les songes
- Il est cause des nutritions de nuit
- Il est cause des couches de nuit
- Il favorise le développement des myomes dans les trompes des femmes suite à de couches de nuits
- En général, cet esprit développe en son hôte des songes contraires à la sanctification recommandé par les écrits bibliques.
- C'est cet esprit qui amène souvent les serviteurs à tomber en adultère dans les églises. Il peut confirmer au serviteur que Dieu lui demande d'aimer une sœur qui est mariée en insistant même dans ses déclarations que c'est le Saint Esprit qui le lui a demandé.

Une fois que l'on commence à le chasser, il commence à combattre son hôte ou son sujet. Pour le combattre et commencer à se débarrasser de cet esprit, les croyants et les serviteurs doivent commencer à :

- Toujours faire le contraire de ce qu'il propose dans les songes
- Au réveil, toujours confesser que le juste vivra par la foi

- Invoquer l'arsenal du palais royal tel que décrit dans le livre d'Apocalypse 4 dans sa vie et en soi.

Or, le Saint Esprit ne peut jamais entrainer l'âme de quelqu'un vers des lieux de souillure pendant les songes.

Que ce soit à l'intérieur de l'être ou hors de l'être humain, il n'est pas difficile de se débarrasser de cet esprit, quoique tellement rebelle. Chacun a peur et craint la mort. La mort ou la destruction d'un esprit est synonyme de la perte de ses capacités d'opération. Les serviteurs qui en sont victimes ne doivent pas afficher un comportement d'orgueil suite à leur titre de serviteur. Ils doivent contacter leurs collègues ou aller assister et prendre part aux séances de prières intenses chez leurs collègues.

J'ai pendant longtemps été tourmenté par l'esprit gardien. J'ai fait tout genre de prière de moi-même pour me débarrasser de cet esprit ; finalement, j'ai été conduit par le Saint Esprit dans une assemblée située à moins de cent mètres de là où j'habite. Je me suis assis comme toute brebis du Seigneur dans l'église. Lorsque l'on demandait de se présenter pour tout nouvel arrivant, je l'ai fait comme tout le monde sans publier mon identité spirituelle. Ce n'est qu'à ce prix-là que cet esprit a commencé à lâcher prise dans ma vie surtout de ma conscience. Le jour où cet esprit est parti, j'ai ressenti comme si ma tête a été dépiécée par l'Eternel Dieu. Comme j'ai l'habitude de prier une fois arrivé chez moi après une séance de prière de délivrance à l'église, j'ai recommencé à ressentir le sens inverse ; c'est-à-dire la mise en place de chaque partie qui avait été déplacée était remise en place. Au début, cet esprit me faisait dormir en plein culte. Malgré la scène de délivrance qui s'est produite en moi, il forçait de revenir. J'ai donc été obligé de faire les prières en pleine nuit à chaque fois que le Saint Esprit me réveillait. Je suis allé jusqu'à employer des mots tels que : "je tue". Je répétais ce mot pendant au moins deux heures de temps. Pour mieux contrôler mes prières pendant que je les faisais, j'ai acheté sept chapelets. Je les ai reliés les uns après les autres. Finalement j'ai obtenu un chapelet de 473 billes, ce qui faisait qu'à la fin du tour complet je me retrouvais avec la phrase "je tue" répétée au moins 473 fois, fois sept, selon la force que je ressentais en moi. Dans cet exercice il est toujours conseillé de demander l'assistance du Saint Esprit car c'est un esprit qui ne fait pas de cadeau à ses hôtes, surtout quand celui qui l'a fait dans la vie de son semblable est encore vivant. Cela n'a pas été facile, mais avec la volonté, le Seigneur Jésus qui est le maître de la délivrance donne toujours la force et le courage d'y arriver (exécuter les gestes des paroles que vous prononcez).

## La violence (devenir le feu)

Jean savait que Jésus pouvait faire descendre le feu du ciel. Pierre qui faisait des miracles fait également tomber le feu du ciel renie Jésus à cause de la pression. Ne jamais céder.
Le feu, c'est là où Jésus est menacé de mourir. C'est également la partie la plus chaude qui dégage une énergie autonome ; et le foyer c'est Jésus et c'est ce feu qui emporte tout le monde. Le feu que Pierre utilise pour se chauffer, c'est le feu de chaleur. Les prières que font les croyants en Dieu par le Christ, c'est le foulard, le manteau pour se protéger du feu ; alors qu'il faut demander à Dieu d'entrer dans le feu ou devenir le feu ; pour que dans les sacrifices à brûler ce ne soit plus les choses à sacrifier, mais que ce soit nous-mêmes qui soyons des sacrifices à mettre au feu.
Toute personne qui entre dans le feu de Dieu ne meure pas mais il est transformé et devient le feu et il brûle tout sur son passage et rien ne le résiste point. C'est le feu qui attire Moïse dans la montagne, et c'est ce feu qui l'a transformé. Dans ***Daniel 3***, ils sont dans la fournaise ardente. Dans cet épisode, Dieu a simplifié le feu des hommes et du monde. Un petit feu ne peut pas bruler un grand feu. On a jeté les amis de Daniel et lui-même dans le feu oubliant que ces hommes étaient eux-mêmes le feu ; après on voyait quatre hommes dans la fournaise. C'est pour dire que chaque serviteur de Dieu en Christ est un grand feu qui éteint les petits feux ; moi-même y compris et le second grand feu après Jésus. Les trois serviteurs en sont sortis indemnes. Lorsque l'on est déjà épuré, rien ne peut vous attaquer.
Les trois compagnons avant d'entrer dans le feu étaient ligotés ; mais au sortir, les liens étaient totalement tombés. La bible dit qu'ils marchaient librement à l'intérieur de la fournaise ardente. Lorsqu'on passe par le feu, tous les liens brûlent et l'on peut se mouvoir librement comme Dieu le veut. Ainsi, si l'on est libre, il peut aussi libérer les autres.
La bible dit qu'après ces événements, Daniel et ses amis ont obtenu les faveurs du roi et ont été nommés à la tête des provinces du royaume en tant que gouverneurs. Ce qui veut dire qu'une fois passé par le feu, purifié alors la période de prospérité descend sur le croyant. Sa vie sociale, professionnelle et financière sont également rehaussées.

**Jérémie 1**
***1.10*** *Regarde, je t'établis aujourd'hui sur les nations et sur les royaumes, pour que tu arraches et que tu abattes, pour que tu ruines et que tu détruises,*

*pour que tu bâtisses et que tu plantes.*

**Prières (destruction de l'esprit gardien ou de l'homme fort)**

Bénis sois l'Eternel Dieu tout puissant, bénis sois le Seigneur Jésus, bénis sois le Saint Esprit,
Merci Ô Dieu tout puissant à cause de ton amour et de ta bonté, car c'est toi qui a permis que je puisse me tenir devant ta face pour invoquer ton nom dans ma vie et dans la vie de tous ceux qui me sont chers.
Je te bénis pour cet amour.
J'invoque ta miséricorde sur moi pour que tout esprit contraire à la gloire du règne de l'Agneau de Dieu ne puisse plus avoir d'emprise sur moi.
Pénètre mon être dans mes trois dimensions :
Touche ma tête, mon cœur, mes yeux et mes oreilles, mon sexe, mes entrailles…
J'invoque la sérénité du palais royale sur moi pour détruire toute influence étrangère dans mon être et dans ma vie et dans tout ce qui me concerne.
J'invoque le trône de grâce sur moi,
J'invoque les quatre êtres vivants du trône de grâce avec tous leurs yeux de descendre sur moi,
J'invoque les sept esprits de Dieu de descendre sur moi avec leur lumière
J'invoque les vingt-quatre doyens du palais royale de grâce de descendre sur moi avec les effets de l'adoration qu'ils rendent à l'Agneau de Dieu.
J'invoque l'Agneau de Dieu de descendre sur moi avec ses sept cornes.
J'invoque également le feu et les éclairs, les voix et les tremblements de terre de descendre sur moi.
Envahissez mon être et tuez l'homme fort qui est dans ma vie,
Envahissez mon être et tuez l'homme fort qui est dans ma vie,
Envahissez mon être et tuez l'homme fort qui est dans ma vie,
Détruisez et tuez l'esprit gardien qui trouble ma vie ainsi que chaque être qui se place derrière cet esprit
Détruisez et tuez tous ceux qui ont contribué et continuent à contribuer à sa présence en moi.
Que tout le palais de grâce descende sur moi, qu'il s'installe sur moi et Tuez-les, tuez-les, tuez-les, tuez-les, tuez-les, tuez-les, tuez-les.
De moi-même et comme je le veux, je les tue, je les tue, je les tue,
**Je tue, je tue, Je tue, je tue, Je tue, je tue, Je tue, je tue, Je tue, je tue, Je tue, je tue, Je tue, je tue, Je tue, je tue, Je tue, je tue, Je tue, je tue, Je tue, je tue, Je tue, je tue, Je tue, je tue, Je tue, je tue, Je tue, je tue, Je tue, je tue, Je tue,**

**je tue, Je tue, je tue, Je tue, je tue, Je tue, je tue, Je tue, je tue, Je tue, je tue, Je tue, je tue, Je tue, je tue,** (*aussi longtemps que possible, d'habitude je prends au moins une heure de temps en prononçant cette phrase. Elle est courte, mais elle fait mal à cet esprit et à don instigateur ; qu'il soit vivant ou décédé*).
Je détruis toute prise forte de l'esprit gardien dans mon être,
Je détruis toute fortification de l'esprit gardien dans mon être,
Je détruis toute mission de l'esprit gardien dans mon système vital,
Tout ce qui a été touché par l'esprit gardien dans mon corps, dans mon âme et dans mon esprit soit purifié par le feu céleste en moi.
Tout bien dans ma vie et confisqué par l'esprit gardien soit relâché.
Au nom de Jésus j'annule toute mission de l'esprit gardien dans ma vie
Je renverse toutes les tendances de l'esprit gardien hors de mon être et hors de ma vie.
Je casse et détruis toutes les forteresses érigées dans ma vie et en moi par l'esprit gardien.
Au nom de Jésus je taille en pièces l'esprit gardien.
Au nom de Jésus je taille en pièces l'esprit gardien.
Au nom de Jésus je taille en pièces l'esprit gardien.
J'invoque maintenant l'Ange du premier sceau de venir en vainqueur dans ma vie
J'invoque l'Ange du second sceau de venir dans ma vie et d'enlever la paix de toute personne qui est dans ma vie en agent de l'esprit gardien, qu'il les tue tous et qu'aucun n'en échappe, que ses agents de l'esprit gardien dans ma vie et en moi s'égorgent les uns les autres.
J'invoque également l'ange du troisième sceau de venir en moi, dans ma vie et de protéger mes biens financiers et professionnels.
J'invoque l'Ange du quatrième sceau de venir dans ma vie et de tuer tous ceux qui bloquent mes finances et m'empêchent d'entrer entièrement dans mes droits sociaux et financiers ; tous ceux qui sont contre mon progrès et qui détiennent injustement mes biens financiers et matériels.
Qu'ils soient frappés par l'épée divine de cet ange, qu'ils soient frappés par la faim, qu'ils soient frappés par la mortalité qui flotte dans l'air qui passe dans leurs fosses nasales, dans la nourriture qu'ils mangent et dans l'eau qu'ils boivent et que les bêtes sauvages de la terre les tuent en sortant des champs où elles sont supposées ne pas sortir
Qu'ils les massacrent dans leur bureau de travail,
Qu'ils les massacrent dans leur maison d'habitat,
Qu'ils les massacrent dans les voiturent qu'ils conduisent ou

dans lesquelles ils sont transportés
Qu'ils les exterminent dans leur sommeil,
Qu'ils les exterminent dans leur sommeil,
Qu'ils les exterminent dans leur sommeil,
Qu'ils vivent maintenant ces rétributions chaque jour et chaque nuit de leur vie sans arrêt jusqu'à ce qu'ils décèdent physiquement.
Tuez-les, tuez-les, tuez-les, tuez-les, tuez-les, tuez-les, tuez-les.
Comme moi-même je le veux, je les tue, je les tue, je les tue,
**Je tue, je tue, Je tue, je tue, Je tue, je tue, Je tue, je tue, Je tue, je tue, Je tue, je tue, Je tue, je tue, Je tue, je tue, Je tue, je tue, Je tue, je tue, Je tue, je tue, Je tue, je tue, Je tue, je tue, Je tue, je tue, Je tue, je tue, Je tue, je tue, Je tue, je tue, Je tue, je tue, Je tue, je tue, Je tue, je tue, Je tue, je tue, Je tue, je tue, Je tue, je tue, Je tue, je tue, Je tue, je tue,** (*aussi longtemps que possible, d'habitude je prends au moins une heure de temps en prononçant cette phrase. Elle est courte, mais elle fait mal à cet esprit et à don instigateur ; qu'il soit vivant ou décédé*).

## Pour un serviteur qui prie pour l'assemblée qu'il a en charge et désire un peuple de qualité

L'erreur que commettent souvent les serviteurs est qu'ils disent que le Seigneur lui-même en verra ce qu'il veut. Ce qui fait que n'importe qui entre dans l'église. Même ceux qui ont pour mission de venir détruire l'assemblée font éruption spontanée, pourvu qu'ils sèment leur graine. En retour, le serviteur se bat pour faire sortir la mauvaise graine du troupeau. Or après avoir choisi les douze, soixante-dix se sont ajoutés. Au moment de la vérité sur le royaume des cieux, les soixante-douze étaient les premiers à abandonner le Christ. Les douze restants ont dit à Jésus : où irons-nous rabbi ? *vous avez les paroles de vie*. Jésus de reprendre : *n'est-ce pas moi qui vous ai choisi et l'un d'entre vous est un démon.*
Le serviteur de Dieu doit demander à son créateur un peuple de choix. L'affaire de l'église n'est pas une affaire de viens essayer. L'église n'est non plus une poubelle où on vient faire des décharges de saleté. L'église n'est non pas un lieu de refuge où les paresseux ou les incapables viennent se refugiés. L'église du Christ est un lieu où les âmes qui se sont reconnues être nées de Dieu viennent signifier à Dieu cette reconnaissance de leur avoir fait des créatures merveilleuses

où elles trouvent du repos dans un pâturage verdoyant de Vie et de salut pour leur âme. Elles deviennent excellentes compétitive dans chaque domaine relevant de leur vie.
Le serviteur doit d'abord être sélectif dans la demande de brebis à conduire ; même si l'ennemi vienne s'infiltrer, à ce moment, lorsque le Seigneur permettra qu'il démasque l'ennemi au milieu du peuple, il sera en position de force et d'autorité de l'expulser par des prières appropriées du milieu du peuple de Dieu.

**Prières de choix**

bénis soit l'Eternel Dieu créateur de l'univers
bénis soit le Seigneur Jésus, chef de l'église
bénis soit le Saint Esprit, règne de Dieu dans l'église du Christ ressuscité, Eternel Dieu je te loue pour ta grandeur, ta capacité à créer et à changer les cœurs de tes biens aimés, devient donc le maître dans la vie de tes âmes par ton feu purificateur,
Attaque-toi à chaque cœur déviant au milieu de ton peuple, que ton feu brûle réellement dans chaque cœur qui entre dans cet assemblée (église) et qu'il ressente comment le péché de la déviance s'en va du cœur de chacun.
Que chaque esprit de critique et d'insoumission à ta volonté soit arraché de la conscience et du cœur de chacun de tes fils et fille qui tu envoies dans ce temple qui est le sien. Dans leur maison, ne les laisse pas respirer un air contraire à ta volonté.
Pour leur vie, chasse de devant ta face toute personne susceptible de demander leur âme comme l'a fait Satan pour Job.
Dieu tout puissant, devient donc maître de l'univers par ton feu (phosphore et le souffre) et ses vertus pour le compte de cette assemblée,
Le sang de Jésus et ses vertus,
Le Saint Esprit et ses multiples actions sur l'église (l'être humain)
Tes sept esprits
Ton trône de grâce et les quatre êtres vivants
Les voix et les tonnerres
Les vingt-quatre notables du trône de grâce et leurs adorations,
Incarne-toi dans chaque âme que tu envoies dans cette Assemblée et dans ton Eglise (corps du Christ) pour en faire un peuple d'adorateurs pour ton nom et ta gloire,
Que Jésus soit le feu dont chacun se baigne désormais,

Que Jésus soit aussi le brasier sur lequel chacun est purifié,
Que ce feu saint pénètre en chacun et prenne forme et Vie en chacun
Que ce feu saint détruise en chacun le vieil homme et fasse naître l'homme nouveau à la stature spirituelle de Jésus et qu'il évolue jusqu'à la stature de l'Agneau de Dieu (des hommes et des femmes devenant des sacrifices humains pour la cause de Jésus) et du royaume des cieux.
Que ces hommes et femmes soient des flammes de feu et des épées facilement maniables par le Saint Esprit pour ta gloire Père.
Brise et consume les égoïsmes du cœur, la cupidité et l'idolâtrie du cœur et des yeux,
Amène-les à pourvoir aux besoins de ta maison et que ces hommes et femmes, chacun dans son coin soit un pilier, une colonne d'appui pour cette assemblée et pour ton église.
Jésus, je te prie de devenir le seul maître fort et trop fort dans les cœurs, les consciences et l'âme de chaque personne dans cette assemblée et pour ton église.
Chaque personne : homme ou femme qui franchit le seuil de la porte de cette assemblée soit déjà une âme acquise à ta cause et que la repentance profonde commence à germer au plus profond de ses entrailles jusqu'au sommet de sa tête.
Utilise-moi comme le laveur de voiture qui n'attend pas que le propriétaire vienne lui montrer les coins cachés de la voiture à laver. Il sait qu'il doit ouvrir toutes les portes, soulever les tapis afin d'évacuer toute saleté des recoins de la voiture et qu'au moment où le propriétaire vienne récupérer sa voiture, il la retrouve bien nettoyée et le laveur reçoit d'abord un sourire de joie de la part du propriétaire de la voiture avant re recevoir son salaire.
Bénit ma bouche et bénit également les oreilles de tes enfants pour que lorsque je parle de ta part, les oreilles qui entendent et écoutent puissent recevoir les paroles de ta volonté et qu'ils obéissent non parce que j'ai parlé, mais parce que c'est toi qui es l'auteur de ces paroles de vie.
Attache-les aux principes divins qui proviennent de toi et qu'ils puissent aussi les transmettre à leurs enfants.
Seigneur Jésus je te prie de faire revêtir le peuple de cette assemblée l'Esprit de louange en l'honneur de l'Eternel Dieu tout puissant selon ***Hébreux 13 : 15*** *Par lui, offrons sans cesse à Dieu un sacrifice de louange, c'est-à-dire le fruit de lèvres qui confessent son nom.*
Seigneur Jésus je te prie d'amener le peuple de cette Assemblée de se revêtir de toute l'armure de Dieu (la protection de Dieu par la sanctification), la connaissance de la parole qui leur permet de résister devant les propositions et les

offres de l'ennemi. Qu'il passe par les humains, par les animaux ou par les esprits de jour ou de nuit par les songes, que ton peuple ait le courage de le rejeter. Amène-les à tenir ferme et qu'il ait la vérité pour langage de justice afin d'éteindre tous les désires enflammés du malin.

Jésus, enlève en eux le désir et l'envie de vivre selon leurs sentiments, mais qu'ils vivent selon la parole écrite de ta vérité. Car les mauvais sentiments ouvrent la porte aux esprits méchants qui détruisent la foi et le salut des âmes.

Ainsi parle l'Eternel, dans ***Matthieu 4 : 4*** il est écrit : *l'homme ne vivra pas seulement su pain, mais de toute parole qui sorts de la bouche de Dieu.* Une fois de plus Père, amène et conduit ton peuple dans la sagesse de ta parole. Ouvre les portes et toutes les cellules du cœur de chacun à la compréhension de ta parole et de tes messages et amène-les à vivre selon tes désirs chaque jour de leur vie ; source de leurs bénédictions dans leurs entreprises, dans leurs finances, dans la santé spirituelle et un rafraichissement continue dans la chair et les os de leur être.

Jésus, amène le peuple de cette Assemblée à se soumettre à Dieu et à résister au diable et à toutes ses ruses ; selon qu'il est écrit dans ***Jacques 4 : 7-10***

***4.7*** *qu'ils se Soumettent à Dieu ; qu'ls Résistent au diable, et il fuira loin d'eux.*

***4.8*** *Qu'ils s'Approchent de Dieu, et Dieu s'approchera d'eux. Qu'ils Nettoient leurs mains, pécheurs; purifiez vos cœur, hommes irrésolus.*

***4.9*** *Sentez votre misère ; soyez dans le deuil et dans les larmes ; que votre rire se change en deuil, et votre joie en tristesse.*

***4.10*** *Humiliez-vous devant le Seigneur, et il vous élèvera*

Jésus, toi qui pouvoir sur tout être, je te prie de redresser les pas de chacune des âmes de Dieu de cette Assemblée pour une marche dans la lumière en communion avec Dieu le Père, avec toi-même le fils et avec le Saint Esprit selon qu'il est écrit dans,

***1 Jean 7*** : *Mais si nous marchons dans la lumière, comme il est lui-même dans la lumière, nous sommes mutuellement en communion, et le sang de Jésus son Fils nous purifie de tout péché.*

Dispose également le cœur et la conscience de chacun de vivre une discipline personnelle selon le modèle instruit à chacun ; selon que le Saint Esprit les touche en particulier par des soupirs inexprimables instruits par Dieu pour que le rapprochement et la communion avec Jésus soit de plus en plus étroite chaque jour de leur vie.

Fais également Seigneur Dieu que le peuple de cette Assemblée prenne Jésus en tant que le centre de leur vie quotidienne ; selon qu'il est écrit dans ***Jean 12 : 32*** *Et moi, quand j'aurai été élevé de la terre, j'attirerai tous les hommes à moi.*

Attire-les donc vers toi Jésus et non vers moi car moi-même je traite mon corps dur pour que cette attraction soit aussi mon partage. Que cette Assemblée soit ta bergerie, attire ceux qui sont encore dehors d'entrer dans ta bergerie en ouvrant grandiosement les portes de cette Assemblée. Agrandit donc cette assemblée et étend ses frontières au de-là de la pensée humaine et au de-là de toute action de blocage d'une quelconque entité occulte spirituelle. Qu'ils soient des hommes et des femmes mûrs. Des personnes solides difficilement déracinable de ta Assemblée, ta bergerie. Car l'obéissance comme l'attachement à la parole de Dieu est une source de bénédictions selon que Samuel déclare à Saül dans ***1Samuel 15 : 22-23***

***15.22*** *Samuel dit : L'Eternel trouve-t-il du plaisir dans les holocaustes et les sacrifices, comme dans l'obéissance à la voix de l'Eternel? Voici, l'obéissance vaut mieux que les sacrifices, et l'observation de sa parole vaut mieux que la graisse des béliers.*

***15.23*** *Car la désobéissance est aussi coupable que la divination, et la résistance ne l'est pas moins que l'idolâtrie et les théraphim. Puisque tu as rejeté la parole de l'Eternel, il te rejette aussi comme roi.*

Car celui qui s'approche de Dieu croit qu'il existe et qu'il est le rémunérateur de celui qui le cherche et le serve selon ses principes.

Que les flèches de mort et de sécheresse sortent du peuple de Dieu et cette Assemblée,

Que les tombeaux et les cimetières que transportent tes enfants consciemment et inconsciemment sortent de leur vie et de cette Assemblée.

Que l'ennemi de la vie que tu offres Ô toi Père à tes enfants plie tous ses bagages et sorte totalement de leur vie et ne revienne plus jamais.

Arrose maintenant ton peuple qui est dans cette Assemblée d'une huile nouvelle, donne-leur la pluie du ciel et l'engrais du sol.

Que chaque désert qui est dans la vie de ton peuple fleurisse maintenant, Que ton peuple marche désormais sur la tête de leurs ennemis et qu'il s'asseye également au sommet de la vie leurs ennemis. (Le serviteur ne sachant pas parfois ce que les âmes rapportent souvent du monde qui est le champ de Dieu, il devra terminer ses prières par l'invocation du feu, tel que :)

Le feu, le feu, le feu, le feu, le feu, le feu, le feu, le feu, le feu, le feu, le feu, le feu, le feu, le feu, le feu, le feu, le feu, le feu, le feu, le feu, le feu, le feu, le feu, le feu, le feu, le feu, le feu, le feu, le feu, le feu, le feu, le feu, le feu, le feu, le feu, le feu, le feu, le feu, le feu, le feu, le feu, le feu, le feu, le feu, le feu, le feu, le feu, le feu, le feu, le feu, le feu, le feu, le feu, le feu, le feu, le feu, le feu, le feu, le feu, le feu, le feu, le feu, le feu, le feu, le feu, le feu, le feu, le feu, le feu, le feu, le feu, le feu,

le feu, le feu, le feu, le feu, le feu, le feu, le feu, le feu, le feu, le feu, le feu, le feu, le feu, le feu, le feu, le feu, le feu, le feu, le feu, le feu…
Qu'il en soit ainsi

Cette phase finale permet également au serviteur d'être imprégner de ce feu et cela lui évite d'être envoûter ou d'être troubler par les souillures que rapportent les âmes de Dieu du monde. Au cours de cette phase de la prière, un serviteur bien délivré, brisé et affranchi doit ressentir en lui-même un changement de sa personnalité. Ce changement lui procure à l'instant même une assurance marquée par l'augmentation de la puissance du Saint Esprit. En fait, la recharge est faite et le serviteur peut s'avancer sans crainte dans le camp de l'ennemi et arracher les âmes de Dieu de la gueule des loups ravisseurs et dévoreurs des âmes ; et débarrasser également l'Assemblée des flèches de non accomplissements.

**L'adoration**

L'adoration est aussi une arme très efficace que l'est la prière. L'adoration est un moyen de délivrance, et de rapprochement d'une âme vers les sommités de l'Eternel Dieu.

**Qui peut adorer Dieu et être agrée par Dieu ?**

Beaucoup pensent que c'est lorsqu'on se met à chanter lentement que l'on adore Dieu ; c'est archi faux.
Prenons l'exemple d'une personne qui se retrouve dans la chorale d'une assemblée du jour au lendemain. Elle se met à chanter. Elle présente une voix suave qui convint les membres de l'assemblée. A supposer également qu'il y ait une personne remplie du Saint Esprit et dont le Saint Esprit ouvre les yeux et lui fasse voir la réalité sur l'identité spirituelle de la personne. Le Saint Esprit lui fait voir un serpent qui remplit la salle de l'odeur de mort. Cette personne donne-t-elle un bon fruit de ses lèvres ? non. Parce qu'elle n'est pas encore libérée des chaînes de Satan.
Par contre à l'adoration, c'est tout l'être qui se dédie à la gloire de Dieu. C'est l'abandon total de tout son être à la gloire de Dieu ; d'où l'expression de la disparition du "**moi**". C'est ainsi que Jésus pouvait donc dire que les vrais adorateurs sont ceux qui adorent Dieu en esprit et en vérité. L'"esprit" ici c'est l'esprit de vie avec lequel Dieu nous a créé. Dieu souffla dans la narine de sa

merveilleuse de ses créatures ; et l'homme devint une âme vivante : c'est de cet esprit que Jésus parle. "En vérité". La vérité renvoie à la parole qui s'est faite chair ; c'est-à-dire le Saint Esprit. Il n'y a que le Saint Esprit qui peut permettre à un être humain de rendre à Dieu une adoration digne de ce nom. Un esprit malsaint dans le corps d'une âme ne peut jamais rendre une adoration agréable à l'Eternel Dieu. Un serviteur rempli du Saint Esprit dirigeant une séance d'adoration fait fuir Satan et ses adeptes de l'assemblée. Sauf si les concernés sont nés de Dieu et veulent sincèrement se repentir.

**Que se passe-t-il pendant l'adoration ?**

Pendant l'adoration, Dieu dissèque les personnes présentent jusqu'à atteindre l'âme, l'esprit et la moelle humaine puis extirpe le péché, la maladie ; puis procède à la purification de l'être, la reconstitution et la restauration. En somme il rebâtit l'être dans son essence créative depuis le fondement.

**Le corps et le sang de Jésus**

L'arme ultime de Dieu. Dans la dixième plaie en Egypte, ce qui s'est produit a vite fait d'oublier l'origine de la sentence de Dieu vis-à-vis des Egyptiens. Si pharaon et sa cour savaient que l'Eternel était capable de faire descendre la mort au milieu de son peuple, il ne se serait pas opposé aux demandes de ses serviteurs. De nos jours, Satan et ses adeptes continuent à jouer le même rôle dans les églises et assemblées de Dieu. Dieu cherche des hommes et des femmes capables de sanctionner le diable dans son église et au milieu de son peuple. Les hommes et les femmes par contre cherchent le Dieu qui est capable d'essuyer les larmes de leurs yeux : le Dieu de Moïse.

**Qu'est ce qui s'est réellement passé ?**

L'Eternel des armées ordonne qu'on tue un agneau dans chaque maison des Hébreux ; puis recueillir le sang et qu'on oint les poteaux et les linteaux de chaque maison des Hébreux. Qu'on fasse cuir l'agneau et qu'on le mange avec des pains faits avec de la patte sans levain. Quand le destructeur viendra, le sang sera la marque d'appartenance à l'Eternel et il passera par-dessus la maison sans frapper. Ceci veut dire que dans le sang de l'agneau il y avait une force protectrice qui en même temps faisait office d'appartenance à l'Eternel Dieu.

**D'où provenait cette force où puissance ?**

Le destructeur était un ange. Qu'elle est cette force qui empêche à un ange d'agir en certains lieu et dans d'autre il agit ?
Ce sang, contenait un ingrédient.
Dans les épitres Paul dit que ce rocher dans lequel nous avons tout bu est le Seigneur Jésus qui nous précédait dans notre marche. Dans Genèse, pendant la création, l'Eternel dit : faisons l'homme à notre image. Faisons : signifie qu'il y avait plus d'une présence.
Dans les proverbes Jésus déclare : je suis la première des œuvres de la création de l'Eternel avant les plus anciennes. Et il continue en disant : j'ai été établi avant les œuvres les plus ancienne, j'ai été établi avant les œuvres les plus ancienne de la terre. Ce qui veut dire que dans toutes les opérations qui se sont produites en Egypte, Jésus était présent. Ce sang de l'agneau n'était autre qu'une préfiguration de ce qui devait se passer pour le salut de l'humanité. Il y avait donc la marque de Jésus dans ce sang, puisqu'il nous précédait dans tout ce qui passait dans le désert. La preuve, tous ceux qui vivent les derniers temps de la révélation, et qui attachent leur confiance en Jésus en se soumettant à ses principes de salut, sont protégés. Quand bien même que la peste vole dans l'air qu'ils nous respirent, ils ne sont pas atteints. Cette protection et libération qui ont commencé depuis la première pâque ; la pâque en l'honneur de l'Eternel. Ce sont elles qui sont toujours le partage de chaque croyant repenti en Jésus.
La parole s'étant donc faite chair, ces choses nous ont été données gratuitement pour les besoins du corps du Christ qui est son église. Le corps et le sang de Jésus sont donc des éléments de libérations, de délivrance et de salut pour les âmes de Dieu dans le corps de Christ qui est son église.
Dans l'ancien testament et à Jérusalem, c'est toute la famille qui est impliquée. Dans le nouveau testament, Jésus choisi une poignée de personne qui est le point de départ de son ministère terrestre.
Le monde proclame haut et fort : sauveur de l'humanité. Les enfants d'une famille ne font-ils partir de l'humanité ? la présentation d'un enfant dans un temple ne signifie pas que Jésus vit en lui. La présentation n'est qu'un signe de gratitude des parents en vers l'Eternel Dieu à cause de la bénédiction du fruit des entrailles. La présence de Jésus dans la vie d'un enfant se fait par la prise du son sang et de son corps. N'oublions pas que les prières de foulard ou de manteau ne sont pas efficaces pour déplacer les montagnes comme celles de feu. Avec les prouesses que font les lucifériens dans leurs recherches de déstabiliser les

chrétiens, seules les prières où l'on accepte d'entrer dans le feu qu'est Jésus et se laisser également braiser par le feu qu'est Jésus que les serviteurs et les enfants de Dieu pourront toujours échapper aux agressions de Satan et des lucifériens. Grâce au bain de feu en Jésus que les hommes et les femmes seront toujours libérés, protégés et vivre la matérialisation des faveurs de Dieu dans leur vécu quotidien.

**Témoignage**

J'avais déjà ouvert une assemblée chrétienne : Eglise puissance de Dieu. Tellement qu'il se faisait des miracles, une famille est venue dans l'assemblée. Je me suis mis à prendre soin d'elle comme le demande le Seigneur Jésus. Cette famille commença à prospérer de manière que le chef de cette famille obtint un poste de chef d'équipe en chaudronnerie dans une entreprise à Sao tomé-et-Principe. Comme les nouvelles des prodiges ne peuvent se cacher, cette famille fit appel à un de leur fils. De fonction militaire, et persévérant dans une autre assemblée chrétienne. Il est arrivé, me demandant de lui livrer mon secret, je lui ai dit que s'il y a un secret, c'est Jésus. Même dans ces déclarations, il n'a toujours pas accepté que c'est Jésus qui est à l'origine des miracles qui s'opèrent dans l'assemblée au milieu du peuple de Dieu. Ne sachant pas exactement ce qui se tramait dans cette rencontre, j'ai laissé libre cour à tous les vents que ramenaient ce faux frère. Finalement, il me proposa d'aller souvent tenir les cultes dans leur village. Ce que j'acceptai avec grande joie. Un jour il revint me proposer d'aller procéder à la cérémonie de baptême, de faire communier le peuple de l'église et de dédicacer l'assemblée. Je lui ai posé la question s'il savait ce qu'il demandait. Il répondit par un grand oui. J'ai appelé les membres de sa famille pour leur signifier ce que demandait leur fils, ils ont tous approuvé. Sachant ce qui allait se passer, je lui ai dit que deux cas sont possibles après le baptême et la prise de la sainte cène : soit l'assemble va voler en éclat, soit les gens vont décéder. En m'expliquant clairement, je leur ai dit qu'à ce que le Saint Esprit révèle, aucune âme n'est à mesure de porter ce poids de la repentance dans cette assemblée. Malgré les mises en garde, personne ne m'a écouté. Le jour j arriva. Nous s'y sommes rendus dans le village et avons passé la nuit. Le lendemain nous avons commencé par le baptême, puis dans la soirée, nous nous sommes mis à apprêter la sainte cène. Pendant que nous étions en train d'apprêter la sainte cène, les disputes éclatèrent entre le faux frère et moi sur la quantité du produit du sang qui était dans le récipient. Il est beaucoup, déclara-t-il. Je lui ai dit que je vais faire communier tous ceux qui seront présents dans l'église : enfants comme grandes personnes ; baptisés ou non baptisés, je te l'ai dit le jour où tu es venu me voir. Le jour du culte arriva ; un dimanche. Je me suis mis à enseigner sur la sainte cène et ses vertus, son importance dans la vie des croyants et de l'église, de la communauté et du village dans lequel le peuple habite. Une fois terminé avec ce volet, je me suis mis à élever les pains de propositions. Une fois terminé avec les pains de proposition, j'ai entamé avec le sang de Jésus. C'est au cours de cette cérémonie que j'ai vu comment les esprits se sont levés. Le faux frère en tête de tout ce qui se passait déjà dans la salle. Et moi, sans lessiver sur les textes bibliques choisis, je me suis à développer la vraie et bonne sainte cène : la libération, délivrance et le salut par le corps et le sang de Jésus. J'ai passé plus de trente minutes à lire et à appliquer les paroles biblique dans le produit de la vigne qui était en proposition ; suivi des prières très solides de feu. A la fin, j'ai demandé à tout le monde de s'avancer avec son gobelet. J'ai commencé par communier, le faux frère en question, mon épouse, puis le reste de ladite famille. Après ce fut toute la communauté. Après, nous fîmes le tour de la concession où se tenaient les réunions de culte. Puis nous sommes revenus dans le temple. Le culte terminé, nous sommes retournés à Yaoundé. Trois mois après, le faux frère vint me dire que je suis allé détruire son église. En fait l'assemblé est passé par le feu d'épreuve de Dieu, et elle ne s'est pas trouvée digne d'être et le seigneur l'a dissoute. Ladite famille elle-même est partie de l'assemblée de Yaoundé. Trois ans plus tard le faux frère en question est décédé dans de situation très pénibles et lamentable. En le voyant malade et selon les cris de désespoir qu'il poussait sur le lit pendant la maladie, l'on sentait que Dieu est en train de le torturer dans ce lit de maladie. J'aurais souhaité que le monde qui le connaissait le voit dans cet état afin que la crainte de l'Eternel des armées descende dans la vie des uns et des autres.

**Que cherchons-nous dans ce combat que Jésus mène chaque jour pour nous ?**

La bonne manière de louer, d'adorer Dieu et de lui obéi : la gloire de Dieu. Jésus doit être un facteur de développement pour tous les croyants en Dieu par son nom. Car il le dit : *sans moi vous ne pouvez rien. Sans moi, vous ne pourrez porter les fruits*. Les fruits que les croyants en Christ portent doivent passer de l'amour, de la justice à la prospérité palpable et visuel où tout œil voit les fils de Dieu et ses servantes rouler sur de l'or. Une richesse éprouvée par le feu céleste sans que celle-ci ne se consume par le feu divin.

**La Modélisation**

Pendant que je faisais le tour de la concession qui abritait l'assemblée voici ce qui raisonnait dans mon esprit :
Jésus, Jésus, Jésus, Jésus, Jésus, Jésus, Jésus, Jésus, Jésus, Jésus, Jésus, Jésus, Jésus, Jésus, Jésus, Jésus, Jésus, Jésus, Jésus, Jésus, Jésus, Jésus, Jésus, Jésus, Jésus, Jésus, Jésus, Jésus, Jésus, Jésus, Jésus, Jésus, Jésus, Jésus, Jésus, Jésus, Jésus, Jésus, Jésus, Jésus, Jésus, Jésus, Jésus, Jésus, Jésus, Jésus, Jésus, Jésus, Jésus, Jésus, Jésus, Jésus, Jésus, Jésus, Jésus, Jésus, Jésus, Jésus, Jésus, Jésus, Jésus, Jésus, Jésus, Jésus, Jésus, Jésus, Jésus, Jésus, Jésus, Jésus, Jésus, Jésus, Jésus, Jésus, Jésus, Jésus, Jésus, Jésus, Jésus, Jésus, Jésus, Jésus, Jésus, Jésus,
Grand merci Seigneur Jésus pour tout ce soutien et ces révélations dont tu m'as

Le serviteur doit apprendre à écrire lui-même des prières en fonction de ce qu'il est témoin dans son ministère. La finalité dans le service cultuelle en Jésus est de faire des hommes et de femmes affranchis de toute corruption pour le développement d'une cité où l'impactassion de la vérité de Jésus devienne une réalité que les gens vivent au quotidien dans leurs entreprises pour un développement économique durable où chacun trouve assez d'espace pour son bien-être.
Alors nous pourront déclarer que la foi en Jésus est un humanisme qui assure le développement : spirituel, social, économique et culturel du croyant ; ensuite d'un peuple.

Lorsqu'un serviteur est en possession de tout l'arsenal que je viens d'énumérer et démontrer la force d'opération de ces acquis en soi et pour l'église, les problèmes de délivrance deviennent des claquements de doigts. Je dis toujours aux gens tout autour de moi que rien ne procure plus de joie que lorsque l'Eternel Dieu guide son âme vers Jésus et que Jésus l'amène vers son fidèle Serviteur pour qu'il lui transmette la Vie qu'il fait descendre sur ses serviteurs. Si c'est vous, ressentez cette joie en vous chaque fois qu'il vous choisit pour le faire. Dans mon pays on appelle cela : "*le pointage de Jésus*".
Grand merci Seigneur Jésus pour tout ce soutien et ces révélations dont tu m'as pourvu pour écrire ce livre.
Que tout honneur te revienne pour tous ceux qui vont le lire et appliquer les révélations qu'y sont.

Printed by Books on Demand GmbH, Norderstedt / Germany